珍藏本
纪念版

汉译世界学术名著丛书

论无限、宇宙与众世界

〔意〕乔尔丹诺·布鲁诺 著

时永松 丰万俊 译

2017 年·北京

Джордано Бруно

Диалоги

перевод А. И. Рубина Госполитиздат 1949

On the Infinite Universe and Worlds

D. W. Singer 1950 译

中译文根据以上俄译本和英译本译出

乔尔丹诺·布鲁诺(1548—1600)

汉译世界学术名著丛书
（120 年纪念版·珍藏本）
出 版 说 明

2017 年 2 月 11 日，商务印书馆迎来 120 岁的生日。120 年前，商务印书馆前贤怀揣文化救国的理想，抱持“昌明教育，开启民智”的使命，立足本土，放眼寰宇，以出版为津梁，沟通中西，为中国、为世界提供最富智慧的思想文化成果。无论世事白云苍狗，潮流左右激荡，甚至战火硝烟弥漫，始终践行学术报国之志，无改初心。

迻译世界各国学术名著，即其一端。早在 20 世纪初年便出版《原富》《天演论》等影响至今的代表性著作，1950 年代后更致力于外国哲学和社会科学经典的译介，及至 1980 年代，辑为“汉译世界学术名著丛书”，汇涓为流，蔚为大观。丛书自 1981 年开始出版，历时三十余年，迄今已推出七百种，是我国现代出版史上规模最大、最为重要的学术翻译工程。

丛书所选之书，立场观点不囿于一派，学科领域不限于一门，皆为文明开启以来，各时代、各国家、各民族的思想与文化精粹，代表着人类已经到达过的精神境界。丛书系统译介世界学术经典，引领时代思想，为本土原创学术的发展提供丰富的文化滋养，为推动中国现代学术和现代化进程做出了突出的贡献。

为纪念商务印书馆成立120周年，我们整体推出“汉译世界学术名著丛书”120年纪念版的珍藏本，寄望既利于文化积累，又便于研读查考，同时向长期支持丛书出版的译者、编者和读者致以敬意。

两甲子后的今天，商务印书馆又站在了一个新的历史时间节点上。我们不仅要铭记先辈的身影和足迹，更须让我们的步伐充满新的时代精神。这是商务人代代相传的事业，更是与国家和民族的命运始终紧密相连的事业。我们责无旁贷，必须做好我们这代人的传承与创造，让我们的努力和成果不仅凝聚成民族文化的记忆，还能成为后来人可以接续的事业。唯此，才能不负前贤，无愧来者。

商务印书馆编辑部

2017年10月

中译者序

乔尔丹诺·布鲁诺(1548—1600)是欧洲文艺复兴时期意大利杰出的思想家、哲学家，他因接受并发展哥白尼日心说，反对经院哲学，主张人们有怀疑宗教教义的自由，被控宣传异端被宗教裁判所在罗马处以火刑，年仅 52 岁。

尽管布鲁诺的观点有其历史局限性，但他在发展唯物主义、反对封建神学方面，在宣传和论证当时自然科学成就方面有着不可磨灭的伟大功绩。特别是他那不畏强暴，为真理英勇献身的精神永远为后人所景仰。

《论无限、宇宙与众世界》成书于 1584 年，是其全部对话集中最有影响力的核心著作，从 19 世纪初到 20 世纪中叶先后被译成英、德、法、俄、西、匈等多种文体。

该书共有五篇对话。

第一篇对话从那些企图以幻想界定世界而遭到失败的情况开始论证世界的无限性。指出亚里士多德给位置下的定义不适合于根本的、巨大的宇宙空间。认为不能仅因为感官觉察不到而否认无限性，感觉本身也包括在无限性之中。我们可洞察星体的无始无终的序列，每一个星体都被另一个星体所领属、所限制；指出无限性的论据不是建立在对空间的尊严上，而是建立在对众世界自

然的尊严上。

第二篇对话着重证明所有有形东西不能被无形东西所局限、所摧毁，揭示了“世界”与“宇宙”的不同，认为宇宙是一，而众世界则是无数。宇宙是无限空间中的无限实体，世界之外的空间也是由物质构成的。反对亚里士多德——托勒密关于地球是宇宙中心的宇宙论。

第三篇对话主要讨论了关于别的星球的物质性、可居住性以及发光的原因，讨论了有关以太的概念，认为所有可感知的星球的构成原则无非和我们地球相近或基本一样，它们没有别的运动方式，要么是直线运动，要么是圆周运动。认为亚里士多德关于宇宙是呈层状结构的说法只是美妙的幻想。

第四篇对话重申了在别的场合所讲的宇宙的无限性和每个星球的运动及其构造等观点，认为在无数多样化的宇宙中具有同样性质的简单星体有相似的运动方式。每一部分都有它的中心，而其共同中心在宇宙内是找不到的。

第五篇对话通过对新对话者阿尔贝京援引的旨在为亚里士多德否定世界无限性观点辩护的十三条理由逐一反驳，进一步揭露了亚里士多德有限宇宙论的错误及其哲学根源，深入阐发了他的宇宙论的基本理论，坚信“无限的宇宙是唯一的，连续不断的”。“要把所有外在推动者与这些天空的界限一起推翻”，“一切宇宙物体的运动都是由内在本质的作用而产生的。”宣称“在这种洞察事物之光的照耀下，我们能够以准确的步伐沿着认识大自然的道路庄严前行。”

最后，建议读者最好把本书与他的另一本重要哲学著作《论原因、本原与太一》结合起来读，正如作者本人在一封信中所说，他在《论原因、本原与太一》中播下的种子在《论无限、宇宙和众世界》中生根、发芽、生长、成熟。这样，对全面理解他的宇宙观和自然哲学或许有所裨益。

目　录

献　　词

献给最尊贵的

莫维榭、康克雷萨尔特和让维尔的领主

笃信基督之王的功勋骑士

御前枢密会议参赞

五十名甲士管带

派驻英吉利女皇陛下的使臣

米舍尔·德·卡斯台尔诺先生

最尊贵的骑士：

假如我在田间耕作，放牧牲畜，整理花园或者修补衣服，那么，任何人都不会注意我，为数不多的人观察到我，极少有人会指责我，我可以轻而易举地博得大家喜欢。但是，我测量自然界的田野，努力拯救人的灵魂，向往着完善智慧和探索理智的素养，正因为如此，注视我的人，就要威胁我；观察我的人，就要非难我；追赶我的人，就要咬伤我；抓住我的人，就要吞食我；可这样做的并非一个人或者为数不多者，而是许多人甚至几乎是所有的人。如果您想明白，这是出于什么原因，那么，我告诉您，这其中的根由，就是我不喜欢周围的人们，我痛恨愚昧无知之徒，还有对我不满意的那帮人；我钟情于一部分人，并因此我在服从中自由，我在苦难中满足，我在贫穷中富有，我在死亡中永生；正因如此，我不会忌妒那些在自由中成为奴隶、在享乐中受尽折磨、在富裕中却已贫穷和是生者却已死去的人们；因为在肉体上他们有把他们联系在一起的目标，在精神上，有使他们陷入痛苦的地狱，在心灵上，有使他们陷入迷惑的谬见，在思想上，有使他们深感绝望的昏睡；并且没有能够使他们获得解救的豁达，没有能够使他们提高声望的坚忍，没有能够照亮他们的光辉，没有能够使他们恢复活力的知识。这就是我不言放弃的由来，我不会像个从险峻路途上返回的疲倦者；我不会像个忧郁者放弃我所想象的事业；我不会像个绝望者向与我对抗的敌人屈服；我不会像个迷惘者从宗教的目标上扭转视线；而与此同时，大多数人认为比起诚实的人，我更极力显示出是个精明的诡辩者，认为比起证实一个旧的和真实教派的人，我是一个更极力创建一个新的和虚伪教派的贪图权势者；认为我是一位传播谬论的愚昧无知而借以谋取声名显赫的诱惑者；认为我是一位推翻健全纪律大厦和建造堕落腐化工具的不安分的思想家。所以，先生，就让至高无上的诸神消灭那些不公正地仇恨我的所有人，就让我的神对我永存好感，就让我们世界的所有统治者都对我优惠，就让星球为田野准备这样的禾苗和为禾苗准备这样的田野，以便在我的劳动中为失去光明的人敞开心灵和唤醒情感而生长出有益的和荣耀的果实；当然，我不会捏造任何事情，如果我误解，那么，实际上我不认为是误解；当我讲话或者写作时，那么，争论不是出于爱好自身的胜利(因为我认为,如果其中没有真理,任何声望和胜利都是对上帝的仇视,是可鄙的和彻底失去荣誉的),但是,出于对真实智慧的爱好和出于对真正沉思的渴望,我感到厌倦,痛苦和折磨。那些依赖于生动根据,那些来自于调整好的感觉,来自不是用虚伪的方式,而是用与自然对象分开的方式所获得资料的令人信服的论据将证明这一点,就像是忠诚的使者一样;对于那些寻找它们的人而言,它们是现存的,对于那些注视它们的人而言,它们是公开的,对于那些研究它们的人而言,它们是明确的,对于那些理解它们的人而言,它们确实是可靠的。这就是我向您呈现的有关无限、宇宙与众世界的思索。

诗 三 首

我的僻静的路通向那些村落，
你已经将自己的思想朝向那里，
在生活与艺术、技能等量齐观之后，
此路延伸至无边无际。
那里在复兴；愿你满怀展开灵敏双翅的激情飞向那里，
可是，当傲慢的厄运阻断自由发展的可能时，
它并不顾忌你，
在崇高目标面前，你重新矢志你的追求。
从这里走去吧；
是的，你要找寻适当的栖身之处；
是的，上帝将是你的引导者，
盲人们将上帝也称为盲人。
是的，会有神灵，
天堂的寺院因神灵保佑是那样完整，
神灵对你和蔼可亲，
如果你不是我的家人，
只有请您不要返回。

逃出窄小昏暗的洞穴，

在那里，某种罪名多少年折磨着我，
后来我挣脱了枷锁，那是凶恶之敌强加于我的。
从今以后，昏沉的夜晚不能再把我抛向那黑暗之中，
威力制服了皮同*并用其鲜血染红了海面，
也战胜了墨盖拉**的权力。
感谢您，我的上天；
我渴望奔向您，我崇高的心声；
我怀着爱恋之情将心呈献给您，
您是将我从深渊救出的巨手，
您是将我送入自由宫殿的巨手，
您是将我患病的心灵转为健康的巨手。

是谁点燃了心灵，
是谁给予我翅膀的轻盈？
是谁驱赶了死亡或厄运的恐惧？
是谁打碎了锁链，
是谁打开了仅仅不多的敞开了的大门？
多少世纪、年代、星期，多少日、多少时
（时间呵，——你的武器！）——
金刚石和钢铁都遏止不住岁月的流逝，
但是，从今以后，我不受它们无情的力量的支配。
从这里我展翅高飞，充满信心，

* 皮同，希腊神话中的巨蟒，为盖亚女神所生，后被阿波罗杀死。——译注
** 墨盖拉，希腊神话中复仇三女神之一，愤怒和嫉妒的化身。——译注

天空的晶体没有给我更多的阻挡，
劈开它们，我驶向无限。
然而一切进入另外的天地，
我正穿过太空的领域，一往无前，
在下面——是另外的情景——我把银河留在身后。

第一篇对话

对话者:埃尔平,菲洛捷伊,伏拉卡思多里伊,布尔基[①]

埃尔平:宇宙怎么可能是无限的呢?

菲洛捷伊:宇宙怎么可能是有限的呢?

埃尔平:您认为可以证明这种无限性吗?

菲洛捷伊:您认为可以证明这种有限性吗?

埃尔平:这是多么的引申无度?

菲洛捷伊:这是多么的局限狭隘?

伏拉卡思多里伊:如果想让人感到愉快,就别离题太远,别离题太远。你们扯得太远了。

布尔基:快点开始吧,菲洛捷伊,因为我乐于听这些寓言和幻想。

伏拉卡思多里伊:要谦虚,布尔基;如果最终真理把你打败,你还说什么呢?

布尔基:我不愿意相信,这是真的;因为让我的头脑理解这种无限性,让我的胃消化它是不可能的;虽然,说实话,我希望事实就像菲洛捷伊说的那样,因为我如果遭到不幸,从这个世界坠落,那么,我总能感到会处在另外的某个地方。

埃尔平：当然，菲洛捷伊，如果我们想要凭借感觉进行判断或者只是赋予感觉必要性，鉴于从感觉得到的所有认识，那么，我们会发现，很难找到能够证明你的论述的方法，更确切地说，是恰恰相反。现在，请你开始讲解吧。

菲洛捷伊：感觉不会发现无限性，不能要求从感觉中得出这个结论，因为无限不可能是感觉的对象；因此，谁要凭借感觉认识无限，就如同想用眼睛看清实体和本质；因为没能感觉到和没能看到这些事物，就否定这些事物，他们就会否定其实体和存在。所以，应该有要求感觉做证的某种规则；如果它们不进入理性判断，我们只允许它们存在于可感知的事物中，那么，就值得怀疑了。理智适合判断和解释由于时间和空间而远离我们的不在场的事物。关于它们我们有足以令人信服的感觉上的证据，这种感觉不能反驳理智，除此之外，由于自己地平线的局限性，感觉很明显意识到自己的薄弱点和没有能力评判它们。在地平线形成过程中感觉很明显意识到自身不是恒定不变的。于是，既然我们根据经验知道，关于我们生存的这个球体表面欺骗了我们，那么，当问题涉及这一星球苍穹的界限时我们更应该对感觉持怀疑态度。

埃尔平：那么请问，感觉对我们来说有什么用处呢？

菲洛捷伊：只用来激发理智；感觉能发出责难并加以传送，只能部分地证明理智，但感觉不能成为完全合格的证明者，更不能做出评判或做出最终决定。因为感觉不管它们多么完善[②]，都不会没有某种模糊的杂质。这就是为什么真理只是在很小的程度上来源于感觉，就像来源于虚弱原则一样，而真理并不包含在感觉中。

埃尔平：那么，真理包含在何处呢？

菲洛捷伊:真理包含在感觉的对象中,就像在镜子中一样;包含在理性中,通过推理和论证的方法,在智力中,通过原理和结论的方法,在精神中,以自身的、活生生的形态来体现[3]。

埃尔平:请给我们阐述一下您的理由。

菲洛捷伊:我现在就来阐述。假如世界是有限的,而在世界之外没有任何东西,那么我要问:世界在哪里?宇宙在哪里?亚里士多德说:世界就在其本身之中。第一层天空的凸面就是宇宙的地点位置;而天空,作为第一个包容体,不存在于其他的包容体内,因为地点不是别的,正是包容体的表面和边缘[4]。所以,那种不包含在包容体中的物体,就不会有地点。那么,你想要说,亚里士多德说过"地点在它自身中"?你还暗指"世界之外的事物是什么意思"?如果你说,在那里没有任何东西,那么天空、世界当然也不存在于任何东西的部分之中。

伏拉卡思多里伊:因而世界不存在于任何地方。一切都不存在于任何东西的部分之中。

菲洛捷伊:世界将是某种不存在的东西。如果你说(因为我感觉到你的确想说些话来避免虚空和无)世界之外存在着理性和神性的本质[5],因此上帝就是万物所处之所,那么要让我们理解一种无形的、不可理解的和不具有量度的事物以怎样方式可以是有量度的事物的处所,你自己就非常混乱。如果你说,上帝在掌控世界,如同一种形式掌控世界,仿佛就像灵魂掌握人的身体一样,那么你还是没有回答关于《世界之外》的问题,以及在宇宙那边和宇宙之外存在什么的问题。如果你要为自己辩解,说,哪里是无,哪里就没有任何东西,在"那边"和"之外"也没有地点,那么,你不能用这些说服我，因为这一话语和辩解无法让人理解。因为凭借任何感觉和想象（即使又出现其他感觉和想象），你就能迫使我以真实之见断言，存在某种表面、某种边缘和末端，在末端界限之外没有物体，没有虚空，这的确是不可能的。甚至是上帝，——因为神灵的存在不是为了填补虚空，因此与其毫无关系[6]，——也不可能以任何方式限制物体，因为限制物体的一切，或者是外部形态，或者是包含它的物体。所以从各方面来看，无论你说什么，都不得不承认，你都会给上帝和诸神的本质的尊严带来损害。

布尔基：当然，我认为，也许应该对他说，如果某一个人伸出手，越过那个凸起的边缘，那只手不会存在于任何地方或者任何部分，因此它不复存在。

菲洛捷伊：补充一下，没有哪个有头脑的人不认为这种逍遥派的名言本身没有矛盾。亚里士多德认为位置不是容积体或者确定的空间，而是将它看成容积体的表面；其后，这样的判断至少或者完全不适合初始的、主要的、最重要的位置。它是第一天空凸起的表面或者物体的表面，而且是只包容却不被包容物体的表面。但是，如果这种表面就是地点，则它不被物体包容，而它本身却包容物体。如果它——即包容物体的表面与包容其内的物体没有联系、不是物体的延续，它就是没有占据物体的地点，请注意，如果不认为凹形表面接触第二天空的凸起面，第一层天空就不适合做地点。由此可见，这种论断是多么的空泛、模糊不清、自相矛盾。亚里士多德的天空之外没有任何东西的不适当的说法附和了这种混乱。

埃尔平：逍遥派会说，第一层天空是包容体，是因为它的凹面，而不是其凸面，因此，地点由凹面确定。

伏拉卡思多里伊：我再补充一点，因此，就有了包容体的表面不是地点。

菲洛捷伊：总之，为了直接转入亚里士多德的论点，我发现该论点是可笑的：在天空之外是无、天空本能地存在，并且偶然地占据地点，并且偶然地成为地点⑦，也就是限于自己的各部分。他以这种“偶性”可理解为一切都是随意的，但是，由于这种情况他不能逃避的是：由一成为二，由于包容体总是区别于包容在其内的物体，就其本身，其区别在于：包容体是无形的，而被包容物体是有形的；包容体是不运动的，而被包容物体是运动的；包容体具有数学性质，而被包容物体具有物理性质。即便存在这种很随意的表面，我还是会不间断地提问：在它表面的那边存在什么？如果回答我，是无，那么，我要说，在那里存在一种没有任何形状，没有任何外部界限，但具有这边的界限的空泛而无益的东西。可要把它表达出来，要比把宇宙想象成无限的、无穷大的困难得多。因为如果我们认为宇宙是有限的，我们就不能摆脱虚空。现在我们来看，这种空间是否应该是这样的：在它里面不包容任何东西。在这种无限的空间中存在这种宇宙（我暂时不研究这是偶然的，还是必然的，或者是由于幽灵的缘故）。我要问，这个包容世界的空间是否比在它以外的其他空间更有包容世界的能力？

伏拉卡思多里伊：我明确地认为不是这样的。因为在没有任何东西的地方就没有任何区别；没有任何区别的地方也就没有能力的差别；也许，在那里从来就没有任何东西，也不存在任何能力。

埃尔平：虽然如此，那仍然是不合理的。这两者之中，前者比后者更加不合理。

菲洛捷伊：你们说得对。同样，我也确信，（逍遥派必定这样认为）虚空不适合接纳一个世界，而更不应该拒绝一个世界。但是这两个能力在事实上我们只能看到一个，另外一个实际上是看不到的，而只能以智慧的眼光感知。因此，就像在这个大小与世界相同的空间（柏拉图派称之为"质料"[8]）里存在着这个世界一样，其他的世界也存在于其他的空间以及无数个（与它相同并且位于它这一方）其他的空间里 。

伏拉卡思多里伊：当然，我们在讨论与所看到和认识的东西相似的事物时，要比讨论与所看到和认识的东西相反的事物更加有信心。因而，由于我们看到并根据经验确认宇宙不会告终，也不会局限于我们对它完全一无所知的虚空和无益的东西，我们应该按照理智得出结论：宇宙是无限的；这是因为即使所有的论据都是相同的，我们看到，经验是与虚空相矛盾，而不与充实相矛盾。在说这些的时候，我们总是正确的，但是在要坚持相反的意见证明对立面时，很难逃避成百上千的责难和困窘。请继续讲，菲洛捷伊。

菲洛捷伊：本来，在我们研究无限的空间时，我们十分确信地知道它有接纳天体的能力，但对其他的东西就一无所知了。空间对此不抱有厌恶之感至少是由于什么都没有的地方也不会拒绝什么，对于我来说这就足够了。现在剩下的就是来研究一下整个空间是否应该是充满的问题。这里，无论从空间能是什么的角度还是从它能做什么的角度来看，我们都会（不仅是理智地，而且还是必须地）发现，它是充满的。为使这一点更加清楚，我问你们，这个世界存在是不是很好?

埃尔平:非常好。

菲洛捷伊:因此,与世界同样大小的空间(我可以将它叫作与空间相似并没有区别的虚空,根据你的看法,该空间第一层天的凸面那边是无)也是充满的,同样很好。

埃尔平:你说得对。

菲洛捷伊:我还要问你:你是否认为,就如同在这个空间中存在着将世界称作这样一个机器一样,这个机器有可能在这个空间之外的其他空间存在吗?

埃尔平:我说会的,因为我看不到怎么来确认无与虚空二者之间的区别。

伏拉卡思多里伊:我相信,你看到了,但不敢断言这一点,因为你明白,这是将把你引去的那个地方。

埃尔平:坚定地确认这一点吧;因为必须说出和思考的是:这个世界存在于空间中;假如这个空间没有世界,那么它就与位于第一推动者那边的东西没有区别。

伏拉卡思多里伊:请继续说。

菲洛捷伊:因而,就像这个空间因为含有宇宙天体,也许,它能够并且必然是完美的一样,这一点正如你已断言,那么,全部其他空间也应该同样是完美的。

埃尔平:我同意,可这又能得出什么呢?“可能是”,“可能有”—— 是不是就意味着它是?意味着它有?

菲洛捷伊:我将这么说:如果你愿意心胸坦白地承认,你应该说:可能是,应该是,就是。因为,如果这个空间不是充满的,也就是说假如没有这个世界是不好的，与此完全同理，如果整个空间不是充满的，也同样是不好的，因为它与我们这个空间是没有区别的。因此，宇宙在规模上将是无限，而世界将是无穷多。

埃尔平：这是什么原因呢？原因是很多的，一个世界显然不够。

菲洛捷伊：但是假如没有这个世界或者它不是充满的是不好的，那么这种推论就不应该只适用于这一空间，也应该适用于与它相同的其他空间。

埃尔平：我是说，这对于存在于这一空间的事物来说是不好的，但这一空间还有同样可能存在于与其相同的其他空间中。

菲洛捷伊：如果你认真研究，这一切只会得出一个结论。因为这种存在于这一空间或者有可能存在于与其相同的其他空间的有形存在的优越性是一种根据，并归结为存在于该空间或者与其相同的其他空间的优越性和完美性。但是这种优越性不属于存在于与其相似的无数个其他空间内的事物。越有理由存在着良好的有限的、完美而有界限的空间，就越有理由存在着良好的、无限的空间。因为，有限事物的好只限于特定意义，并根据理性，而无限事物的好是根据绝对的必然性。

埃尔平：当然，无限事物是良好的，但它是无形的。

菲洛捷伊：我们同意无限事物是无形的说法。但是为什么存在有形的无限事物就不是完全有理由的呢？是什么妨碍了这种说法：小规模存在于最简单的、不可分割的第一本原中的无限事物，更会大规模地存在于这种自己的无限的、没有界限的类似物中，在这种类似物中要比这些狭隘的边缘中更有能力包含无数个世界？

这样，那些没有考虑到我们认为如此宽广巨大的物体在上帝存在的情况下不过只是一个点、甚至等于零的人就应该受到指责。

埃尔平：就像上帝的伟大无论如何不在于有形的量度一样（我认为，世界不对他有任何补充），同样，我们不应该认为上帝形象的伟大在于其或大或小的量度范围之中。

菲洛捷伊：您说得很好，但是没有接触到我们讨论的实质；因为我坚持空间的无限性，自然本身也有无限的空间，这并不是因为自己的量度或者有形容积的优越性，而是因为物体的种类和自然本身的优越性，由于无限事物在无数个体中所表现出的优越性远比在有限的和可数的事物中所表现出的要好得多。所以，一定存在不能达到神的面貌的无限的类似物，无数世界作为无限成员就存在于其中，其他世界也是这样。因而，由于无数不同的完善程度（其中神的无形的优越性以有形的形式展现出来）应该有无数个体，它们是大量的生物体（其中之一就是地球，她是神圣的母亲，她生养了我们，又最终将我们揽入怀抱），为了容纳这些无数世界就要求有无限的空间。因而，就像这个世界能存在并一直存在是如此美妙一样，与其相似的无数世界曾经可能存在，现在有可能存在，也的确存在着，也同样是美妙的。

埃尔平：我们说，这个带有有限星体的有限世界含有一切事物的完美性。

菲洛捷伊：您可以这样说，但不能证明这一点。因为存在于有限空间的世界，含有所有存在于这一空间的有限事物的完美性，但不包含存在于其他无限空间的无限事物的完美性。

伏拉卡思多里伊：请我们就此打住吧，不要像诡辩者一样行事，只是为了取胜而争论，并盯着胜利者的棕榈*不放，从而影响了自己以及其他人对真理的理解。但我想，没有如此固执的人故意否定这一事实：由于空间的无限容量和这些并不比我们所了解的世界难以理解的无限世界中的许多个体的完美性，它们之中的每一个都有以适当方式存在的理由。因为无限的空间具有无限的能力，而在这种无限能力中存在的无限行为是值得赞美的；由此不能认为这种现有的无限性是不完备的；由此这种能力并不是徒然的。埃尔平，如果菲洛捷伊还有其他论据，请听他说完吧。

菲洛捷伊：说真话，我很清楚地看到，如果我们称之为宇宙的世界是没有边界的，由此不会产生任何难题，反而使我们从与对立观点相关联的无数困境中解脱出来。尤其是我承认我们经常同道遥派一起讨论那些在我们的理解之中没有任何根据的东西：比如，在我们否定宇宙内外的虚空后，我们仍然希望回答宇宙位于何处的问题，我们说，它存在于自己的部分中，因为害怕确认它不存在于任何地方；但这就意味着确认它不在任何位置。但是不能否认，这样就一定要承认这些部分存在于某一位置，而宇宙不存在于任何位置和任何空间；而这种承认，就像我们所看到的一样，没有任何合理的理由，这是为了不承认世界和宇宙的无限性以及无限的空间而进行的顽固的搪塞；而这两方面存在着两难的境地。因而，我确信，如果一切都是物体，并且是球形的、有界限、有形状的，那么就必须承认它就被局限于无限的空间中；如果我们想断言在其内部存在无，就必须同意存在着真正的虚空；虚空如果存在，那么

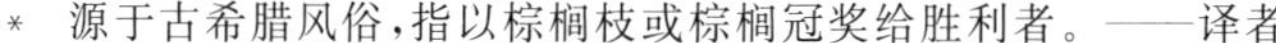

* 源于古希腊风俗，指以棕榈枝或棕榈冠奖给胜利者。——译者

它既然可以存在于我们认为有能力包含这一世界的那一部分，它同样有理由存在于一切位置；如果没有虚空，那么一切都应该是充满的，而宇宙应该是无限的。同样，荒谬地断言，世界应该位于某个位置，并说除了世界没有任何东西，世界位于自己的各个部分，这就像任何人说埃尔平位于某个位置，因为他的手位于胳膊上，他的眼睛位于眼眶内，脚掌位于脚上，头位于躯干上是一样的。但是，在得出结论时不愿像诡辩家一样只注意虚假的难点、把时间浪费在闲扯中，我断言无法否定的东西，即在无限空间中能够存在同我们这个世界相类似的无限世界，或者这个宇宙有能力包含许多同这些相类似，被称之为星体的物体；还有，与其他事物的存在相比它们的存在同样是很美好的（不管这些世界与我们的世界相像与否）；因为一个事物有理由存在，另一个事物就也有理由存在；这两个事物有理由存在，许多事物就同样有理由存在；许多事物有理由存在，无限的事物就同样有理由存在。就像消除和使这个世界不存在是恶毒的一样，同样使其他无限世界不存在也不是件好事。

伏拉卡思多里伊：您解释得很好，并很清晰地证明那些理由，表明您不是一个诡辩家，因为您同意的是无法否定的东西。

埃尔平：但我想知道，从关于本原和永久作用因的论据中可以得出什么结论：它是否应该是类似的无限作用呢，以及是不是的确存在着类似的作用？

菲洛捷伊：这正是我要补充的。因为在我们根据能力和无限空间的分布以及存在类似这个世界的无数世界的可能性和合理性确定了宇宙是无限的之后，剩下的就是证明这一点，一方面，从产生该宇宙的作用因情况，更准确地说，从这种作用因永远使宇宙保持现在状况的角度来证明;另一方面,从我们的理解方式的条件角度来证明,因为做出这样结论——无限空间与我们所看到的这个世界相类似,比断言它是这样的:我们无法想象它的任何事例、任何类似物、任何尺寸大小,也不能用任何不会破坏自身的方式对它进行想象,更容易些。

现在重新开始:为什么我们愿意或者能够认为神的活动是无益的?为什么我们注意到对于无限性来说所有有限物体都是无,我们还想确认能够传递给无限事物并能在无限中传布的神的仁慈想变得贫乏并使自己无所作为?为什么你们——像一个嫉妒者那样——希望,以无限的方式扩展为无限球体(如果可以这样表达的话)的神的中心与使自己成为一个其他人容易接近的人,并且成为一个富有成果和极优秀的父亲相比,他却是一个毫无生育能力的人?[9] 为什么你们比较喜欢它不遵循自己的强势和存在,而只在较小的程度上展开或者(更确切地说)完全不展开呢?为什么可能存在的无限世界的可能性被破坏,无限的能力就应该是徒然的呢?为什么根据它的无限的和不可计量的存在的种类应该在对面镜子中闪烁更多光辉的神的形象的优越性应当是受到损害的呢?为什么我们应该断言当它被假定的时候,它带来如此多的难处并破坏了一些哲学原理,无论如何它都没有促进法律、宗教、信仰和道德呢?你想如何使上帝无论是在威力方面还是在活动、行为(在他那里是一回事)方面有界限,使他成为一个球体凸面的界限,而不是无限事物的无限界限(如果可以这样说的话)?我说没有边界的界限是为了区分上帝的无限性和宇宙的无限性,因为上帝是整个无限,是在密集形态和整体意义上说的;而宇宙是一切中的一切(如

果可以，是说没有部分、没有末端的一切），是在展开的形态和非整体意义上说的[10]。因为一个有界限的意思，而另一个——有一定的界限的意思，不是因为无限和有限之间的区别，而是因为一个是无限的，而另一个形成的依据是在宇宙中的完全的存在，这种存在是无限的，但不是彻头彻尾成为无限的。因为具有测量性质的无限性不可能是彻头彻尾无限的。

埃尔平：我希望更好地理解这一点。所以如果您给我解释清楚：什么叫"一切完全在一切之中"、"一切在无限的一切之中"和"彻头彻尾的无限"，我会更高兴。

菲洛捷伊：我把宇宙叫作"整体无限"，因为它无边、无界、无表面；但我说宇宙不是"彻头彻尾的无限"，这是因为我们所能抓住的它的每个部分是有限的，它所包含的无数个世界中每个世界也是有限的。我把上帝叫作"整体无限"，因为他自身排除一切界限，它的所有特征都是唯一的和无限的；我把上帝称为"彻头彻尾的无限"，因为他整个存在于全部世界中，并且以无限的方式存在于世界的任何部分中，他与宇宙的无限性相对立，宇宙整个地存在于一切之中，但不是我们所能理解的宇宙的那些部分（如果与无限的问题有关，可以把它们称作部分）。

埃尔平：我明白了，请您继续您的论述。

菲洛捷伊：根据所基于的所有这些思考，我们说，认为这个世界是有限的，这是适当的，很好的、也是必需的，我们应该认为所有其他的无数世界也是适当的和很好的。根据这些观点，万能的上帝不嫉妒它们的存在；没有它们，无论是由于不愿意还是不能有它们，万能的上帝都会由于容许虚空而被屈辱；如果不想提及"虚空”，就要接纳无限的空间；接纳了虚空，我们不仅使存在失去了无限的完善性，而且还从所创造的事物（如果它们是被创造的）或者起决定作用的事物（如果它们是永久的）的现有原因中夺走了它的无限的真实的伟大。根据什么理由我们应该相信，可以创造无限幸福的积极的本原只创造了有限的东西呢？如果这种本原使它成为有限的，那为什么我们要相信它能使它变成无限的呢（因为在它那里可能性和现实性是相一致的）？因为它是不变的，在它的活动和效力中没有偶然性；但是，一定的、已知的作用永远取决于一定的、已知的活动。这就是为什么这种积极的本原只能是现在的状态形式，而不能是其他形式；不能是它不存在的形式；也不能是其他的什么形式，只能是它能成为的形式；不能希望它成为别的什么，只能成为它希望的东西，它必然不能做别的什么事，只做它在做的事，因为只有变化的物质才应当有不同于现实的可能性。

伏拉卡思多里伊：当然，曾经没有存在过、现在也不存在、将来仍然不存在的东西也不会是可能性和潜能的载体；的确，如果第一作用因不能有其他别的意愿，那么，它就不能做其他别的什么。我不明白，有些人如何谈论无限的积极力量，无限的消极力量与无限的积极力量并不一致，第一作用因可以做一个有限世界，那么，他也能做无限数量的、无限的和不可计量的世界；由于这一活动起源于那种意志，而意志是极其不变的，甚至就是不变性本身，意志本身就是必然性。这就是为什么在实际上自由、意志、必然性是一回事，此外，活动和愿望、可能性和存在也是这样。

菲洛捷伊：你们都同意并且讲得很好。这样，就必须承认两者中的一个：或者是决定无限行为的起作用的本原，它将被承认是包含无数世界的无限宇宙的原因和本原;这不会有任何的不便,甚至一切都是由适当方式引出的,符合科学、法律和信仰;或者是起作用的本原,因为带有一定数量的这些世界(即星体)的有限宇宙取决于它,它将被承认是有限的、积极的和一定的潜能,就像它的行为是有限的和确定的一样,因为行为是什么样的,意志和潜能就是什么样的。

伏拉卡思多里伊:因此,我补充论述两个三段论法。如果第一作用本原愿做与其所愿之事不一样的事,那么,它就能做与其在做之事不一样的事;但是它不会愿做与其所愿之事不一样的事,因此,它不会做与其在做之事不一样的事。因此,有人说到有限的行为,认为活动和潜能都是有限的。除此之外,归结于一点,就是第一作用本原,不能做与其所愿之事不一样的事;不愿做与其在做之事不一样的事;因此,它不能做与其在做之事不一样的事。所以,谁否定了无限作用,也就否定了无限潜能。

菲洛捷伊:这些三段论法,一方面不是简单的东西,但也是具有证明力的。任何时候我都赞成一些可敬的神学家不允许对它们的运用,因为在预先评判时,他们知道粗鲁和不礼貌的人们在接受这种必然性时,不明白怎样才能把自由选择、尊严和按公正性所评出的功绩与之结合起来;因此,他们相信命运又对其失望,必然走向罪恶。于是有时某些歪曲法律、信仰和宗教的人想显示出明哲的样子,影响了很多人并使他们比以前更加不文明和罪恶,鄙视善事,他们在自己的全部恶习和残暴行径面前洋洋自得,这是根据他们在类似的前提下得出的结论。因此智者相反的主张没有导致此类诱惑,也没有给神的伟大和优势带来如此损失,而这些在某种程度上是真的东西，对公民的态度来说是危险的并违反了法律的宗旨，并不是因为它是真的，而是因为无论是对于故意触犯的人们还是对于那些不损害风俗就无法明白真理的人们来说它都是难以理解的。

伏拉卡思多里伊：正确。任何时候没有哲学家、学者和诚实的人愿意借某种理由和借口在这种判断的基础上证实人类行为的必然性和消灭选择的自由。于是，在其他人中柏拉图和亚里士多德认为上帝是必然的和不变的，但是也认为道德的自由和我们选择的能力。因为他们知道并能理解如何能使这种自由和必然性协同存在。但是一些众人真正的父辈和牧人否定这种情况和其他与之相类似的论点，目的可能是为了不给罪犯、引诱人走入歧途者和国家以及公共利益的敌人以借口来滥用那些很难弄懂真理以及很快就倾向于恶事的人的憨直和无知，做出有害的结论。他们轻易地宽恕了我们对正确判断的运用，从判断中我们只想找出关于自然的真理和自然的创造者的优势；我们认为他们不是普通人，而是懂得我们判断的智者。这就是为什么神学家，他们虔诚又有学问，从来都不指责哲学家的自由，而真正的、有礼貌的、有道德的哲学家总是促进宗教。因为无论是神学家还是哲学家都知道，为训导粗鲁的民众需要信仰，他们应该被驾驭；而论证，对深思真理的人来说责无旁贷，他们善于驾驭自己和其他人。

埃尔平：关于这一点我们已经说得够多的了。请马上回到正题上来。

菲洛捷伊：回到我们的论断，我说，如果在第一作用本原那里存在无限的威力，那么，这威力也就是具有无限大的、包含无数个世界的宇宙所依赖的活动。

埃尔平:如果您说的话不包含真理,那也是很有说服力的。但有一点我觉得它们太近乎真实了,如果您能解决一个极其重要的论证,我将确信它是真理。这个论证迫使亚里士多德在强化的意义上否定无限的神的潜能,虽然他在粗放的意义上承认了这一能力。他否定的理由是:因为在上帝那里,潜能和行为是统一的,他就有可能无限地推动,并以无限的力量无限地推动;而如果这是对的,天空应该瞬间都在旋转。因为如果比较强大的推动力则推动较快,那么最强大的推动力就推动最快,而无限强大的推动力则瞬间推动。他断言的理由是:上帝永恒地、平稳地、按照比例和度量推动着第一被推动者⑪。现在你看到,根据什么观点他使上帝具有粗放的无限性,但不是绝对的、强化的无限性⑫。由此我想得出结论:就像按照有限速度,其无限的运动潜能被运动行为所局限一样,于是,创造无限大和无数个世界的潜能本身被创造有限和一定数量的世界的意志所局限。一些神学家也大概确认了这样的观点,他们同意粗放的无限性,上帝用这种无限性连续不断地保持宇宙的运动,除此之外,他们也接受强化的无限性,上帝用它可以创造无数世界,推动无数世界,推动它们中的每个世界以及所有世界在每一瞬间一起运动;但他们仍然认为,上帝以自己的意志控制无数世界的总量和最强化运动的性质。就像这种来自于无限潜能同时又承认是有限的运动一样⑬,宇宙物体的数量很容易被看成是一定的。

菲洛捷伊:这种论证的确比其他论证更有说服力;关于这种论证已经说得足够了,根据它,上帝的意志调节、改造和制约神的潜

能已得到证明。但是由此至少在哲学方面出现许多困难;我放下一些理论原则,这些原则不认为上帝的潜能大于其意志或慈善,总的来说,也不认为一个特性比其他特性更大程度地接近神。

埃尔平:但为什么在这种情况下他们虽不这样想,但仍这样说呢?

菲洛捷伊:因为缺乏术语和有说服力的思考。

埃尔平:现在您具有独特的原则,由于这些原理您断言一点,即:上帝的潜能无论在强化方面还是在粗放方面都是无限的,行为与潜能没有区别,由此宇宙是无限的,并有着无数世界,同时您不要否认另外一点,即实际上每个星体或者球体(随你怎么称呼)都在时间中运动,而不在瞬间中运动。那么请您给我们证明,您用什么术语和论据来加强您的信念或者驳倒摆出与您所接受的观点相反的那些人的观点。

菲洛捷伊:依照那种论据,您应该注意这样几点:第一,因为宇宙是无限的和不动的,所以不需要寻找它的原动力。第二,包含在宇宙中的无限的世界,例如土、火和其他被称为星体的物体,他们的运动是由于内在的本原,即这些物体的自己的灵魂推动的,就像我们在其他地方已证明的那样[14],因此,寻找关于其外部动力是徒劳的。第三,这些宇宙物体在太空领域里运动,与被认为这个地球(地球是这些物体之一)是固定的观点相比,它们没有附在或固定在任何物体上;而关于地球基于内在的生命本质,我们证明,它以几种方式围绕自己的中心和太阳转动。接受了这一前提,根据我们的原则,我们不应该去证明具有无限强化力量的积极运动或消极运动。因为运动的物体和推动力是无限的,则运动的灵魂和被推动的物体统一于有限的对象中。我确信，这一点适用于所有上述星体。所以，第一本原不是运动；而是静止和不动，这一本原赋予无限和无数世界以及分布在宇宙极其广阔领域中的大小生物以运动的可能性，而它们之中的每一个根据本身力量的条件，都具有不同程度的活动性以及其他特征。

埃尔平：您很好地加强了您自己的立场，但您并没有因此推翻那些与您对立的观点。这些观点来自于众所周知的、为大家广泛接受的看法，它们认为，最好的、最伟大的事物推动一切。您还说，他只把运动传给在运动的一切，因此，运动是根据最近的推动力产生的。当然，我觉得你的论断比一般意见更理智、更合适；但是，每次您说到世界的灵魂和神的本质，神的本质就是存在于一切中的一切[15]、充满一切，并以比万物自身的本质更内在的方式存在于事物中，因为它是本质的本质，生命的生命，灵魂的灵魂，但我仍然觉得在相当程度上，我们说它赋予一切以运动，同样可以说它推动一切。这就是为什么一次出现的疑问似乎在加强自己理由的原因。

菲洛捷伊：在这一点上我能很容易让您满意。因此，我说，如果您愿意的话，应该在各种事物中研究两种运动的积极本原：一种是有限的本原，根据有限事物的原理，这种本原在时间中推动；另一种是无限的本原，根据世界或者神的灵魂的原理，它作为灵魂的灵魂，整个在一切之中，并使灵魂成为一切中的总的灵魂，这种本原在瞬间推动，从而地球有两种运动。这样，所有的运动物体都有两个运动本原：其中，无限本原曾经推动也正在推动一切共同运动，由此，根据这一原理，运动的物体在相当程度上比起完全的运动更加稳定。如图1所示（见图1），该图表示地球，它由于具有无限的推动力而瞬间运动。它以沿 A 到 E 的中心运动,同时从 E 到 A 旋转;这些都在瞬间完成,并且它同时位于 A 和 E 以及所有中间位置;它同时出发和返回,因为这一切总是这样发生与结束,所以地球一直是稳定的。关于地球围绕中心的运动也是同样的,其中东为 I,南为 V,西为 K,北为 O;这些点中的每一点都由于无限的脉冲而以无限的速度旋转,因此它同时出发和返回;由于这一点它是永远不动的,并一直在它所处的位置。这样,最终,由于无限的力量,这些天体的运动与它们的不动是一回事。因为瞬间运动和不动是一回事。因而,还剩下另一个积极的运动本原,该本原来自于内在的力量,由此在时间中发生,并具有一定的连续性;这种运动有别于静止。这样我们可以说上帝推动一切,就像我们应该理解他把运动给予运动着的一切。

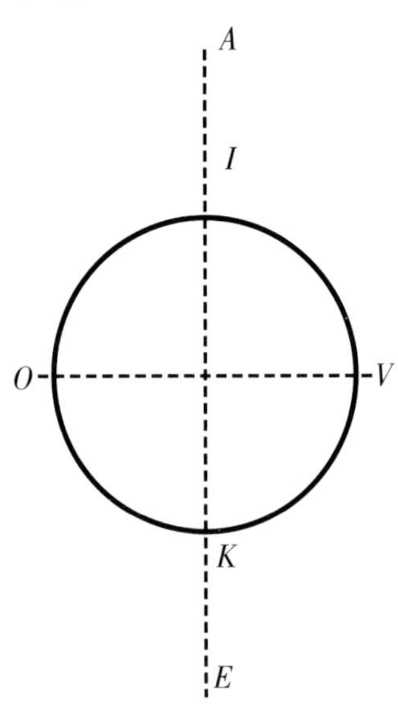

图 1

埃尔平：现在，当您站在如此的高度如此有说服力地解决了这个难题后，我的确同意您的观点并希望除此之外总能从您那里得到这样的解决方式；因为，虽然我直到现在很少与您交流也很少向您提问，但是我完全领会明白了，并希望将来有更大的成绩。因为我虽然没有完全领会您的精神，但从它发出的光辉我发现，它自身内部包含着一个太阳甚至更大的一个天体。从今天开始我对您建议，而不是想战胜您，只是想给您的阐述提供方便的论据，建议您关照我们，在这么几天期间，在同样时间，同样地方到我们这里来，我们多么想要倾听并明白您的论述，以让我们的灵魂能真的得到安抚。

菲洛捷伊：我会这么做的。

伏拉卡思多里伊：您使我们感到非常高兴，我们将全神贯注地听您的论述。

布尔基：而我，理解得少一些，如果不能明白思想，至少听一听您的话语；如果听不清您的话语，至少我也能听听您的声音。再见！

——第一篇对话终——

第二篇对话

菲洛捷伊：因为第一本原是最简单的，所以假如根据一种特征，它是有限的，那么，根据全部特征，它也是有限的；假如根据公认的内在理由，它是有限的，而根据其他理由，它又是无限的，那么，按照必然性，应当假定它是复杂的。因而，如果它是宇宙的创造者，那么，它当然是无限的创造者并能产生无限的作用。这种作用，我看，完全是取决于它的。此外，如通常所说的，按照已知的序列，在潜能中我们总是想象着那些被测量的一个接一个的物体大小和一个接一个的物体数量，就像我们的想象力能够向无限性推移一样。因此，我们应当认为，上苍真实地包括无限的广度和无限的数量。由此可见如下状况是可能的、相应的和恰当的：在那里，积极的潜能是无限的，积极的潜能具有必然的连续性，并且这一潜能的指向是无限的。因为正如我们在其他地方已经证明了的那样[16]，做的可能性决定着被做成的可能性，测量用的工具决定着可测量的物体，测量工具决定着被测量的物体。对此可做如下补充，就像现实中存在着有限的被测量的物体一样，第一智力也是这样理解物体和广度。但是如果第一智力理解物体，并且无限地理解它，如果第一智力无限地理解物体并且物体被理解为一种无限的东西，那么，这种先验的思想就必然存在；当这种先验思想被那么

神妙的智力所产生的时候,它是非常现实的;它现实到如此的程度,即与我们眼前真实地存在着的东西相比,它的存在具有更大的必然性。如果仔细考虑一下,就会得出这样一种结论,如同实际存在一种最简单的无限的不可分割的本质一样,还有一个范围上极其广阔的无限的可测的本质;后一本质内在于前一本质中,而前一本质也包含在后一本质之中。即本质在一切事物中,而一切事物又包含在本质之中。

接下来,我们看到,由于物体的质,物体具有扩大至无限的潜能,就像我们在火中看到的那样[17],火——正如任何人都承认的——只要往火里添加可燃物质,火可以无限蔓延。那么,究竟什么理由使得可能是无限的,因而也可能在实际上成为无限燃烧的火,但事实上却未能成为无限燃烧的火呢?当然,我不知道,我们如何能够设想这样的情况:在物质中存在某种处于消极潜能状态的东西,这种东西在那些处于积极潜能状态中正在发生作用的缘由中是没有的。因而,积极潜能存在于行为之中,抑或就是行为本身。当然,断言无限的东西存在于潜能和已知的连续性中,而不在现实的实际情形中,必然导致这样的结果:积极的潜能可能认为无限的东西只存在于连续不断的行为中,而不是在已结束了的行为中,因为无限的东西是不可能被终结的。由此,还可得出一条结论:第一原因不具有简单的、积极的、绝对的和唯一的潜能,而具有某种无限连续性的可能性与之相适应的积极潜能,和其他不与行为相区分、而与可能性相适应的另一种积极潜能。更不必说以下的情况——假如世界是有限的,因为我们无法想象有形的东西如何可能被无形的东西所局限——在这种情况下,这个世界就有可

能消失和变成乌有，因为据我们理解，所有物体都是可分解的。我说，我们姑且不谈此点，即没有理由可以阻碍无限的虚空，虽然这一理由不能理解为那种说不定何时就把这个世界作为无吸收到自身中去的积极潜能。我们姑且不谈场所、空间和虚空与物质有相似之处，如果它们不是物质本身的话；看来，柏拉图和所有其他把场所测定为已知空间的那些人有时候这样想不是没有原因的。于是，如果物质具有自己的并非徒然的企望，因为这种企望是自然的并且是从第一本性的秩序中产生的，那么，场所、空间和虚空也具有这样的企望则是必然的。我们姑且不谈这一点，如上所述，在那些谈论确定界限之后世界就是有限的人们中，谁也不知道如何来设定这个界限；他们所有的人，在口头上否定虚空的同时，而在实际上又不得不承认它们。如果存在虚空的话，那么，它当然能够接纳一个世界；我们注意到，基于上述那些看法，我们认为在这个世界所处的空间（或者称为无，如果亚里士多德愿意这样称呼它，而不想称之为虚空的话）中，同时包含另一个世界是不可能的。应当承认，在这个世界之外的空间中能够包含一个世界是可能的，这一点无论如何也不能否认。亚里士多德据以坚信两个物体不可能同时存在的理由，在于一个物体和另一个物体的体积之间的不相容性。与这一理由完全吻合的是，在那没有某种物体体积的地方，其他物体的体积能够存在。但是，如果存在这一潜能，空间则是人所共知的形态上的物质；如果它是物质，那么它就具有性能；而如果它具有性能，那么我们根据什么考虑能够否认它的作用呢？

埃尔平：说得很好。那么，请您转入另一个问题吧，请给我解释一下在世界与宇宙之间，你们做怎样的区分呢？

菲洛捷伊：在逍遥学派*之外，这种区分广为人知。斯多葛派在世界与宇宙之间也进行区分。因为对他们来说，世界全部是由稳固的有形物质构成并被它所充溢。宇宙不仅由世界构成，而且还由虚空和世界之外的空间所构成。所以，他们说，世界是有限的，但是宇宙是无限的。伊壁鸠鲁用类似的方式把一切事物和宇宙看作物体和虚空的混合物。他说，世界的本质就在于此，世界是无限的，它既处于虚空的容积之中，此外，也处于许多存在于世界中的物体之中。我们不是把随便任何一种简单的无称之为虚空。但是与上述意义相适应，并据此意义如果做测定的话，显示出可感知的阻力的物体之外的东西，被称为虚空。因为通常人们只是把有阻力性能的东西称为物体；这就是为什么人们常说，如同不能受伤害就不可能是肉体一样，所以，不显示阻力的东西也不是物体。我们以同样的方式说，无限的东西，即无法度量的没有形体的领域是存在的，在这个领域里有着无数和无限的物体，如同被我们称为世界的地球、月亮和太阳一样，它们是由实的与虚的东西组成。因为这种精神、大气和以太不仅存在于这些物体的周围，而且渗透到一切物体中，存在于每一事物的内部。我们还在那种意义上来谈论虚空，并据以回答无限的以太和世界存在在哪里的问题。我们的回答是：它们处于无限的空间中，处于某种其内部存在着和暗喻着一切事物的深处，这一深处本身什么也不是，也不能用另外的方式来思考它。但是亚里士多德把这两种意义与他自己所想象的，他自己也不知道究竟该怎样称呼、怎样界定的第三种意义混淆起

* 亚里士多德学派的别称。——译者

来;他在否定虚空的同时,自己也陷入了矛盾,并总想用类似的论据在实际上消除所有关于虚空的观点。但是,与那种设想消灭了事物的名称后也就消灭了事物本身的人相比,他并不能在更大程度上推翻所有关于虚空的观点。因为,如果他甚至连虚空都要消除,那么,他是在这种意义上——即无论谁大概都不能接受它——来消除它。要知道,古人和我们一样,认为虚空是这样的:在它里面物体可以存在,并且可以包含一些事物,它们里面有许多原子和物体。只有他一人把虚空定义为无,在无里面什么也没有,并且也不可能有任何东西。所以,在那种谁也不能理解的意义上来接受虚空的同时,他建立起空中楼阁并消除自己的虚空,而这一虚空不是所有其他使用这个词的人所说的那个含义上的虚空。

这位诡辩家在其他各种各样的推测中,诸如运动、无限性、质料、形式、证明方法、存在等,无非也是这么做的。他总是相信自己特有的推断和某些具有新义的名称。但是在实际上,一切有独立思考能力的人都可以很容易地发现,此人分析事物的本质肤浅到何种程度,他如此热衷于自己那些错误的假定。这些假定无论谁都不承认,也不可能承认。这些假定用在他的自然哲学中比在数学中做此想象更显得虚妄不实。你们看,他对这些空洞的推测是如此满意,并且是那样地吹嘘它们。他自诩,在分析自然界各种事物的时候,人们会认为他是特别有理性的,或者像人们通常所说的那样,认为他是合乎逻辑的。因此,他在责骂的意义上把那些比他更热心地研究自然界、现实和真理的人们称之为"物理学家"[18]。但是,还是回到我们的问题上来吧;我们注意到他在其著作"论虚空"[19]中,并没有援引任何能够对我们的观点予以适当辩驳的直接或间接的论据，我们把此事暂且放一放，等到更加合适的时候与他做进一步的争论。因此，埃尔平，如果你方便的话，请把那些我们的对手据以不允许无限物体存在的理由整理一下，然后，再把那些他们据以不理解无数世界存在的理由整理一下。

埃尔平：我将一定完成此事。我将依次援引亚里士多德的意见[20]，而您用您认为必要的方式来回答它们。“应当研究，——他说——像一些古代哲学家所断言的那样，无限的物体存在吗？或许这是不可能存在的东西。其次，需要搞清楚，一个或者许多世界存在吗？解决这些问题极其重要，因为无论何种解决问题的办法有着这样的意义即它们中的每一个解决办法是极其不同甚至相互对立的两种哲学形态的本原。这样，例如，我们看到，那些认为世界是不可分割的组成部分的人，由于这个最初的错误把自己的道路封闭了，以至在数学的大部分领域里迷惑起来[21]。我们应当用这种方式来解决对于过去、现在和将来的困难具有十分重要意义的论断，因为人们开始时做出的微小偏差在行进过程中往往会增大一万倍。同样，人们在起步时犯下的错误，离起点越远，其错误就发展和增加的越大。所以一旦走到路的尽头你就来到与你打算去的地方截然相反的地点。原因在于起点从量上看很小，但从结果上看极其重要。这是我们应当解决这些疑问的根据”。

菲洛捷伊：他说的这一切很有必要。或许其他人像他一样说得那么好，因为，像他认为这一难以理解的原则要把对手引到更大的错误中去一样，于是完全相反，我们认为并清楚地看到，根据这一相反的原则，他曲解了自然界的全部结构。

埃尔平：他继续说道：“因此，有必要研究一下，使简单的物体具有无限的量是否可能。关于这一点，首先，这对于那种做圆周运动的太初物体来说是不可能的；其次，对其他物体来说也是不可能的。因为既然每个物体应当是简单的或者是复杂的，所以复杂的物体具有其由之构成的那些简单物体的属性。因而，如果简单的物体无论在数量上还是在大小上不是无限的话，那么，从必然性来看，复杂的物体也不可能是无限的。”

菲洛捷伊：他做了许多允诺。因为如果他要证明那种被称为包容的、太初的物体是包容的、首要的和有限的，那么，在此情况下，对于被包容的物体来说，再次证明这一点就是多余的、徒劳的。

埃尔平：他证明圆的物体不可能是无限的，“如果圆的物体是无限的，那么，从中心出发的线则是无限的，并且一个半径和另一个半径之间的距离（因为它们越是离开中心，它们之间的间距就变得越远）也是无限的了。因为由于在长度上线越增大，它们之间的距离就变得越大，因此，如果线是无限的，那么，距离将是无限的。但是，要使运动的物体能够超越无限的距离是不可能的，因为在圆周运动的情况下，使运动物体的半径达到其他半径的位置是必需的。”

菲洛捷伊：这个证明是好的，但是这一证明就反对他的对手们的意见来讲什么也没说，因为无论何时也没有这样笨拙而平庸的智慧，此等智慧还想推测有一种具有无限大小并且同时在运动着的无限世界里。在这里他自己否定了在其《物理学》[22]里所援引的东西，即那些人接受存在和无限的本原，同时又认为它们是不运动的，无论是他，还是替他的人，都不能把一个承认无限的大小是在运动的人称作某种哲学家或普通人。但是，他如同诡辩者一样，从反对者的结论中提取部分作为自己的论据，并强使反对者接受自己个人的原则，即宇宙是运动的，它正在运动，并具有球状。但是，您会看到，这位精神乞丐引用的所有论据中，是否至少有一个论据能推翻那些对手的观点，那些人认为有一个无限的、不动的、未定型的和非常广阔的太一，此太一包含无数的运动物体，它们是众世界，一些人称它们为星体，而另外一些人称它们为天球。请稍许关注一下他据以为出发点的这些和其他的理由，您就会看到，他的前提不会被任何人承认。

埃尔平：当然，全部六条理由是以那个推测为基础的，就像反对者说的，宇宙是无限的，也像他所假定的那样，这一无限的宇宙是运动的。这种观点是愚蠢和荒诞的。当然，如果我们只是偶然地在太一中不容许无限运动和无限静止有巧合，是可以的，就像您昨天关于一些个别世界给我所做的证实那样[23]。

菲洛捷伊：但是，关于宇宙无论基于怎样的理由都不能为之附加上运动，对此，我不想加以断定。因为运动不可能也不应该被附加到无限的东西上，正如人们所说，无论何时都没有任何人会想象到这一点。但是由于没有稳固的土壤，这位哲学家只在建造自己的空中楼阁。

埃尔平：当然，在他那里我还没有看到能推翻您所做断定的论据。因为这位哲学家所援引的其他五个理由，遵循同样的道理，也同样地有着缺陷。所以我认为援引它们是多余的。但是，在他引用了那些关于宇宙运动和圆周运动的理由之后，他转向那些基于直线运动的事物[24]。他坚持如下观点：“使任何一种运动的物体由自身起往下或者往上向中心做无限的运动是不可能的。”他首先从关于这些物体——无论对边缘上的物体，还是中间位置上的物体——自身运动的方面来证明 。

他说："向上运动和向下运动是对立的。因此，一种运动的场所与另一种运动的场所也是相对立的。但是如果这两个对立面中的一个被确定和限定，那么，要求另一个对立面也被确定和限定是必需的。对于处于两个对立面中的中间位置也应同样对待。因为达到中心的那个位置必然应从某种特定区域而不是从任何一个地点出发；因为存在一定的界限，在那里中心的限界开始了，可是存在另一界限，在那里中心的限界结束了。因而既然中心是确定的，所以要求其边缘确定是必需的，既然边缘是确定的，所以要求其中心确定，也是必需的；而如果地点被确定，那么曾经和现在处于其中的物体也以这样的方式被确定是必需的，因为否则运动就会是无限的了。至于轻重，那么，向上运动的物体，也许最后能够达到自己的位置，因为任何一种自然趋向都不会无效的。但是，既然宇宙空间不可能是无限的，那么就不可能有无限远的地点和无限物体。至于说到重力，那么，没有任何无限轻的东西，也没有任何无限重的东西，因而就没有无限的物体；因为如果重的东西是无限的，那么，它的重力则是无限的。这一难题是不能避免的，因为如果你想断言无限物体有着无限的重力，那么，由此就会出现不少难题：

第一，有限和无限物体的重或轻是一样的，因为对于有限的重物来说，既然它小于无限的物体，我若能添加某些东西或者相反，从无限物体那里取出某些东西，直到重物或轻物两者都达到一样的数量。第二，有限大小的重量能够比无限大小的重量要大，因为

按照前者可以与后者相等这一理由,它也可以大于后者,因为我们可以随意从无限物体那里拿走东西或者给有限物体增加重量。第三,有限和无限的大小其重量也许是同样的。因为速度与速度的相互关系和重力与重力的相互关系比例相等[25],那么,由此可见在有限和无限的物体中速度也许是一样的快慢。第四,有限物体的速度也许大于无限物体的速度。第五,这些速度也许是相等的;或者,既然一种东西的重力超过另一种东西的重力,那么一种东西的速度也可以超过另一种东西的速度。如果存在无限重力,则必须使这种无限重力比有限重力,能在最短的时间内,穿越任何一个空间,或者使它一般不运动,因为速度的快慢都依赖于物体的大小。但是,因为在有限和无限之间没有比例,所以,归根结底必须接受无限重力不运动的观点,因为如果它运动,那么它毕竟运动得不会这么快,从而不能发现有限重力会在同一时间并经过同一空间,走完同一路程"。

菲洛捷伊:不可能找到另外一个人,为了引用我们在亚里士多德的证明中所看到的如此肤浅的理由,而以哲学家的名义虚构出更简单的推测并把更愚蠢的断言归咎于自己的对手。关于他对于物体本身的位置以及所限定的上端、下端和中心说的话,我想知道——他的论证是反对谁的?因为所有那些认为物体有无限大小的人,都不承认其中有任何中心和边缘。因为谈论虚无、虚空的和无限以太的人不认为任何重力、轻力、运动、上层部分、下层部分、中心部分等是由前者造成的。于是在这样的空间中,那些接受无限物体诸如这个地球或者任何别的地球,这个太阳或者任何别的太阳的人们使这些物体经过有限的、一定的间隔或者围绕它们自己的中心在这个无限空间的内部旋转，这样，我们位于地球上并认为地球处在中心，于是所有的哲学家无论是现代的或是古代的，不论他们是何派别，都会断言，地球处于中心，并不违背自己的原则。与此相似，我们说到关于这个太空领域的大地平线，这个领域围绕着我们并且在我们面前，它显现出一种从各方面看都同样相隔很远的圆周的样子，我们就处在它的中心。但是在相当程度上那些位于月亮上人们很可能认为围绕他们的是这些地球、太阳和其他星球，这些东西围绕他们自己的中心旋转并形成他们自己的地平线半径的终点。因此，与某种另一世界的物体相比，地球不大可能是中心，于是，对地球而言，与相对于太空或世界空间的某种另外场所它是固定一极相比，极点在很大程度上是不固定的。这一点对所有其他物体也是如此。在不同的关系中，它们或是中心，或是圆心，或是极点，或是顶点，或是其他东西。因此，地球不是绝对地处于宇宙的中心，而仅仅对我们这个区域来说才是中心。

因而，我们这个好争论的人从 cpetitio principii（预期理由）开始并且从那些他应该加以证明的前提出发。我说，他把反对者所肯定的正相反的东西作为一个前提，他迫使正是那些断言世界的无限性，同时否认这个中心和边缘的人接受中心和边缘。因此，就有向上或向高处的、向下和向低处的运动。诚然，古人已经看到，我们也觉察出来，某些物体落向地球，而某些物体则离开地球或者离开我们所在的那个地方。如果我们谈到有关这些物体的运动，是指它们急剧地向上和向下流动，那么，这应当相对于一定区域或在一定关系中来理解，因此，如果某种物体正离开我们向月球靠近，那么，就像我们所说的那样，它在上升，而月球的居民会这样说，它在向着他们降落。因此，宇宙中发生的那些运动，对于无限的宇宙来说，上或下、那个地方或其他地方都是无区别的，但是这些判定适合存在于宇宙中的有限世界，抑或对于无数世界地平线的振幅或者对于无数星球——在那里同一物体对于不同物体可以同时做向上或向下的移动——的数目来说，我们能够接受这些判定。因此，有限物体不具有无限的运动，然而，对于自己本身的界限来说，它们具有有限的、一定的运动。但是不确定并且无限的物体无论是有限的还是无限的运动都不具有，在这种物体中没有地点和时间的区分。

至于有关重力和轻力的论证，我们认为，它是在愚笨无知的树上长出的一个好果子。因为重力，正如我们下面将要对此做出证明那样，它处于相应的位置上，不是整个地存在于某种物体之中，并且不是某种物体的自然属性[26]；所以重力不是我们据其就能对地点本质与运动原因加以辨明的一种区分。相反，如果我观察到来自各个不同中心的这一事物的趋势和运动，就像据以不同观点，说那同样事物被称之为高或低，是向上或是向下运动一样，我们将证明可能被称之为重或轻是同样的事物。这一点与所有个别物体和独立世界都有关系。无论是一种重力或轻力，如果它们离去并扩散开来，它们的各个组成部分才能被称之为轻；如果各个组成部分还原为一个整体，抑或就是重的了；人们常说的关于土壤微粒和地球物质与此很相似。如果它们接近太空的圆周，那它们就上升起来；相反，如果它们还原到地面，那它们就落下来了。但是，至于说到宇宙和无限物体，那么，是否有过谁，也不论何时曾假定把它们称之为重或轻呢？抑或谁能够接受这样的原则或者在某种程度

上幻想得出这种结论：无限性属于重的或者轻的范畴，它在向上升起，是上升还是处于某种状态？我们将证明，无限物体中的任何一种东西既不重，也不轻。因为这些质量只是与局部有关，正是因为它们总是趋向于自己的整体，趋向自己保持的位置，所以它们与宇宙无关，而与一些个别的和整体的世界有关；这样，例如在地球上火的各个部分在获得解放并向着太阳上升时，总是伴随着带有一些干东西和水的成分，火的各部分与这些干东西和水的成分结合在一起；这些最后的东西在上面脱落时，根据自己的本性回到它原来的位置。其次，必须明白，大的宇宙物体就其自身而言不可能有轻，或重，因为宇宙是无限的，并且在大的天体中无论对圆周中心的远离或靠近都是没有理由的。所以地球在自己的位置与太阳、土星、北极星在自己的位置相比不是更重。就像地球的组成部分由于自己的重力重新返回地球一样（我们把部分趋向整体、运动物体向自己位置移动的趋势称为重力），其他物体的组成部分终究还要重新回到自己的物体上来，因为可能存在无数另外的地球或与地球相类似的物体，可能存在无数另外的太阳和与太阳相似或者自然条件与太阳相似的另外的火焰。它们全都脱离正在环绕的地方向着作为本身的基础——中心位置运动。由此可见，存在着无数的重物，但这不是指在严格意义上任何一个事物都似乎存在无限的重力；这种重力只在宽泛的意义上存在于无数的事物中。这是从一切古代哲学家和当代哲学家的论述中得出的结论，我们的好争论者未提出无论任何一种理由来反对这些结论。因此，他关于无限重力不可能的观点如此粗陋和庸俗，以致人们甚至羞于提到这一点。他的观点无论在任何情况下都不能推翻别人的意见并证实他自己的哲学，这一切都是空洞的、毫无意义的词句。

埃尔平：一切被援引的论据其贫乏极为显而易见，因此，最有说服力的辩才都不能作为他们引为辩解的理由。但还是听一听他为了得出关于无限物体的不可能这一普遍结论而援引的那些理由吧[27]。他说："因为对那些研究局部事物的人而言，——很显然，是没有无限的物体，那么剩下的只是泛泛地分析无限物体存在的可能。因为无论谁或许能够断言——就像环绕我们的世界是对于我们而安排的一样——在无限的物体中存在有另外的天空，不是不可能的。但是，在我们得出这一观点之前，我们将在总体上论述一下关于无限的问题。必须要弄清每个物体是无限的还是有限的：如果一个物体是无限的，那么，它应当要么是由同样的组成部分构成的，要么是由不同的组成部分构成的；如果它是由不同的组成部分构成的，那么它要么是由有限的种类构成的，要么是由无限的种类构成的。如果我们要依照我们的前提即存在许多类似我们世界的世界来说的话，那么，每个物体都由无数种类构成是不可能的。因为就像围绕我们安排的这个世界一样，也安排一些有着另外天空的另外世界。因为如果处于围绕中心的太初运动是确定的，那么，就必须确定其次运动，就像我们已经测定五种物体[28]，其中两种是单纯的重和轻，两种是相对的重和轻，一种是既不重又不轻一样，但是，能够自由地围绕中心运动，这一点在其他世界中，情形确实同样应当如此。因此，一个物体不可能由无限种类构成，也不可能由有限种类构成。"

他根据四种理由进行证明，一个物体不是由有限数量的非相似种类构成，第一个理由是"这些无限组成部分中的每一个应当是

水或火,也就是或重或轻。但是,当人们指出无论无限重力或无限轻力都是不可能时,我们就证明了这不可能”。

菲洛捷伊:在我们回答这一问题的时候,已经讲得够多了。

埃尔平:这我知道。他补充第二个理由并说,“如果从这些种类中产生的每个事物将是无限的,那么,就必须接受这些事物所处的地点的无限性;但是,由此得出结论,每个类型的运动也是无限的,这是不可能的。因为使下落的物体达到无限的深度是不可能的。这一点很明显并在一切运动和变化中都得到证实。就像在生产时,不试图做不可能做成的东西一样,正是这样,物体在移动过程中不寻找它无论何时也不可能达到的地方;那个地点任何时候不可能在埃及,也就不能按去埃及的方向运动,因为大自然无论何时都不会徒然地做出任何东西,因而,要使这种东西向它不能达到的方向运动是不可能的。”

菲洛捷伊:我们已充分地回答了这一点;我们说过,存在着无限个地球,无限个太阳和无限的以太,或者用德谟克利特和伊壁鸠鲁的话说存在着一种贯串到另一种事物中去的无限的完满和虚空,存在着各种有限的种类,其中有些种类被分布和有序地排列在其他地方。所有这些不同的种类汇集起来,组成一个完整的无限的宇宙,无限的局部也是无限的,因为实际上无限地球是从无限个类似这样的地球中产生出来的,但是,这无限的地球不是作为一个无间隙的巨物,而是如同由无限多的地球连接起来构成的,应当用同样的方式想象物体的其他种类,它们将会是四种,或许是两种,或许是三种,或许是任意种(我暂时不确定它们的数量);这些种类是宇宙的组成部分,在那种意义上即按必然性来看,可以说它们应

当是无限的。根据数量，其数量是由它们的许多数量中产生的。要重物无限地落入深处是不必要的。但是就像这一重物趋向自己距离最近的同类物体一样，那个物体也一个劲地趋向自己距离最近的同类物体，而第三个物体同样如此。这个地球有属于自己的组成部分，那个地球也有属于那个地球的组成部分。同样地，这个太阳有着自己的组成部分，这些部分，从它派生出来并力求返回到它自身中去。恰恰其他物体也同样自然地聚集着自己的组成部分。于是就像一些物体的边缘离另外一些事物之间相隔有限的距离一样，它们的运动也是有限的；就像无论谁都不能从希腊动身走到无限远的地方一样，而只能到达意大利或者埃及，这样，地球或者太阳的一部分在自己的运动中就不给自己提出无限的目标，而只提出有限的目标。因为宇宙是无限的，而组成它的那些物体一切都是易变的，因此，所有这些物体总是从自身分解出某些组成部分并且又接受它们回到自身，从自身抛出自己的组成部分又把本不是自己的东西吸收到自身中来 。每个物体都有发生某些可能变化的数量上的倾向，我不认为这是荒谬的和不可思议的，恰恰相反，我认为这完全是自然的和恰当的。所以地球的极小部分在以太领域中漫游并穿越无限大的距离，要么接近一个物体，要么接近另外一个物体；同样，我们看到，那些最微小的部分，当它们处于我们附近时，它们在改变着地点、排列和形式。因此，如果这个地球永久地和不间断地存在着，那么，它之所以是这个样子，不是因为它是由那些部分和个体（原子）组成的，而只是因为在它里面进行着各个部分的经常的更替，其中一部分分离出来了，而另外一些事物则替代它们的位置；这样一来，在保持精神和智慧本身的同时，

物体则经常地发生变化并且更新自己的各个部分。这一点就是在动物中也可看到：动物只有以这样方式即吃下食物并排出排泄物来保持它们自己；这样，每个稍微略加思索的人，都会看到，年轻人不具有他们在少儿时具有的身体，而老年人又不具有它们在年轻时具有的身体。因为我们在不断地变化，这就导致一点——新的原子不断进入我们体内，而我们排泄出以前被吸收的东西。这样，由于普遍的理性和灵魂的作用，各种原子在精液附近结合起来了(借助于某种结构，在这种结构中这些原子聚集成物质)，当原子的流入大于它们的流出时，机体在生长；当流出等于流入时，这是机体本身在保持它自身的稠度；可是最后，当流出大于流入的时候，机体开始趋于衰弱。当然，在这里我不是在绝对意义上来讲关于流入和流出的情况，但是，我讲到关于机体应有的和自然的组成部分的流出情况与异己的和不合适的组成部分的流入情况，衰弱了的生命的原则不能克服这些流出和流入的组成部分，也不能排除这些组成部分。这一点无论与活着的还是死去的机体都有关。重新回到上面所说的话题上来，我认为：在上述论点中没有什么不合适的地方(相反，这个论点在更高阶段上是合理的)；由于物质的这种变化，各个部分和原子处于无限的流动和运动中，无论在形式方面还是地点方面，都在经历无限的变化[24]。假如任何一个事物都有如同趋向自己最近的目标和趋向自身地点变化或质量改变一样的无限趋向，是不可思议的。注意到，事物不可能从一个地方移动，又不处于另外一个地方，不可能失去任何一种质量，也不接纳另外一种质量，不可能接纳任何一种存在，也不失去另外一种存在，不可能有这样的事情；这是从质量变化的概念中必然得出的结

论，而质变不能有不发生空间移动的地点。近期形成的事物只能以有限的方式运动，因为如果它改变地点，它就很容易接受另外形式。正是这太初的、正在形成中的原则无论对于空间，还是对于图形的数量都以无限的方式在运动。同时质料的各部分从一个物体、一个地点、一个部分流出并流到另一个物体、另一地点和整体中去。

埃尔平：我完全理解这一点。作为第三条理由，他引用如下观点："如果我们假定接受离散的和被分隔开来的无限性，在此情况下，应该假定存在无限个体和无限局部的火光；虽然它们中每一个体是有限的，但由于所有这些个体的缘故，结果是：将要出现的火光，应当会是无限的。"

菲洛捷伊：我已同意了这一观点。但是要知道，即他不应当对根本不是什么困难的问题提出异议。因为如果物体分解为不同空间的组成部分，这些组成部分中的一部分重量为 100 英镑，另一部分的重量为 1000 英镑，而第三部分的重量为 10 英镑，那么，这所有物体的重量将是 1110 英镑。但这仅仅与个别的、不连续的重量有关，而与整体的重量无关。我们以及古人，并不认为不连续的各个部分产生无限的重力是不正确的。因为这些组成部分只有在逻辑意义上或者在算术意义上或者在几何学意义上才构成一种重力，但是在实际上，按照重力的本性，它们不构成一种重力或是无限的质量；然而，则构成由各种有限质量和有限重力组成的无限的数量。这些事物的确立和提出以及它们的现实存在并不是一回事，而是完全不相同的。因为由此得出的结论是，不存在一种类型的无限物体，但是存在具有某些有限物体的无限数量这样一种物体的种类。所以没有无限的重力，而是存在一些有限重力的无限数量，同时要注意到，这种无限性不是无间的，而是非连续物体的无限性，这些非连续物体存在于不间断的无限性中，其间能容纳各物体的空间、地点和维度。因此存在不连续的重物的无限数量，这些重物并不构成一个重的物体，这没有什么不能容许的；与此类似，无限的水域不构成无限的水，地球的无限的组成部分不构成一个无限的地球。因此，存在着物体的无限集，它们在物理意义上不构成无限量的物体。巨大的差别就在这点上。我们观察到在十个人联合一起拉船的运动中，有与此相似的现象。但是如果他们中的每个人只是单个地来拉，那么这个船就是被成千上万的人拉过也无法使它动一动。

埃尔平：您已经用这些和其他论述多次地回答了这第四个理由，该理由规定："当我们思考无限物体的时候，那么，按照一切测量，必须认为它是无限的，所以不论在哪个方向上都不可能有任何一个事物在它之外。"因此，要在无限事物中有很多各种多样的组成部分，其中每一部分都是无限的，这是不可能的。

菲洛捷伊：这是完全对的，并且谁也不能驳倒我们，因为我们已经多次断言，在无限时空中存在很多各种各样的有限事物，并研究了这一点怎样才是可能的[30]。比如，以同样的方式，无论谁都能说说关于稀泥的事，在稀泥中很多各种不同物体形成一个连接不断的整体，因为在那里处处以及每一部分中水和水相接触，而土和土相接触；由于土的最小部分与水的最小部分之间的联系不易察觉，我们不能说，它们是间断的还是不间断的，而只能说这是一种连接不断的物体，这种连接不断的物体既不是水，也不是土，而是泥。另外一个人也能以这样的方式断言，在这里，其实水不和水相接触，而土也不和土相接触，但是水和土是相接触的，而土和水也是相接触的；第三个人会以类似的观点否定前两人而断言，泥和泥是互相接触的。依照这些理由，宇宙可能作为无限的和连续的物体出现，就像处在水和土的各个部分之间的气没有使稀泥断开一样，处在巨大物体之间的以太并没有使无限的、连续的宇宙阻隔开来；它们之间的巨大区别只在于泥中的各个部分太小，并且间隔很不显著，然而宇宙的各部分都很巨大并且相互间隔十分明显。但是在宇宙中各种不同并且对立统一地运动着的物体是同一的，同时它们又构成一个连绵不断的处于静止的系统（整体），这些对立物在此整体中是一致的，构成同一个东西，属于同一个秩序，并且归根结底其本质是一样的。当然，要接受两个互相区别的无限是不能容许的并且不可能；那么，无论如何我们都不能设想，一种无限性怎样结束，另一个无限性怎样开始，并且它们两者怎样互相限定。此外，很难想象有这样两个物体，在一端是有限的，而在另一端是无限的。

埃尔平：他提出另外两条理由来证明无限性不能由相类似的组成部分构成。第一条理由是“应该把这类局部运动的一种列入这个无限性的相类似的情况中去。但是，在这种情况下，就要假定存在无限重力，或是无限轻力，或是无限的圆周运动；然而我们已经证明了这一切是不可能的”。

菲洛捷伊：我们已经阐明，这些理由和反对意见毫无价值到何种程度；在整体上无限性是不运动的，不重也不轻；这点无论对于宇宙还是任何别的物体，当它处于自己自然的地点时——都是适用的，而对于各种个别的组成部分，当它们离开自己原来的地点超过某种程度时——也是适用的。因此，依照我们的观点，无限物体，无论是潜在地还是现实地都不运动。它既不重，也不轻，既不潜在，也不现实，依据我们的原则或是亚里士多德建造自己华丽楼阁所反对的那些原则，要使无限物体能够具有无限重力或无限轻力，还相差甚远。

埃尔平：这第二条理由同样显得微不足道；因为他徒然地向一个任何时候都未曾断言宇宙无论潜在地还是现实地在运动的人提问："无限性是以自然的方式还是以强制的方式在运动呢？"。基于自己前述理由并从运动一词的普通意义出发，他又用从一般运动汲取的理由进一步证明无限物体是不可能的[31]。因此，他断言，无限物体既不能对有限物体给予任何作用力，更别说承受来自它的作用力。他举出三条理由：

第一，"无限物体不可能承受来自有限物体的作用力。"[32]因为每一个运动，也就是说每一个受作用力都存在于时间之中；而如果这样，那就可能发生尺寸较小的物体可以受到与无限尺寸成比例的作用力。因为就像在有限被作用者和有限作用者之间存在着比例一样，也许在有限被作用者和无限作用者之间也有着这样的比例关系。如果假定 A 为无限物体，而 B 为有限物体，我们就会看到这种情形；既然一切运动存在于时间之中，我们称时间为 G，在时间 G 的流动中，A 推动着另一物体或受到来自这一物体的作用而产生运动。然后，我们拿来一个尺寸比 B 小的物体令其为 D，那么 D 将对另外一个物体 H 产生作用，我们引入物体 H 的目的在于在同样时间 G 里把有关比例填好。于是我们清楚地看到，在较小作用者 D 和较大作用者 B 之间存在着那样的比例关系，就像有限被作用者 H 和无限物体 A 的一个有限组成部分之间的比例关系一样，我们把 A 的这一有限部分称之为 AZ。如果我们现在把第一作用者对第三被作用者的关系替换成第二作用者对第四被作用者的关系，那么，我们将得到 D 同 H 的比例关系，就像 B 同 AZ 的比例关系一样；这样，B 将在同一时间 G 里实现自己对有限事物和无限事物的作用，也就是完成对无限的有限组成部分 AZ 和对无限物体 A 本身的作用。但是这是不可能的。因此，无限的物体无论作为作用者还是被作用者都是不可能的。因为两个相同被作用的物体，在同一时间里受到来自同一作用者的相同作用，并且较小的被作用物体在较短时间里同样受到该作用者的作用，而较大物体则在较长时间里也同样受到该作用者的作用。其次，如果两个不同的作用者在同样时间里完成自己的作用，那么，我们作用者之间将得到我们在被作用物体之间所具有的同样比例关系。还有，每一个作用者在有限时间里作用于被作用的物体（我说的是那种只能在移动运动中完成自己作用的作用者，而不是那种不断运动的作用者）因为要有限活动要求无限时间是不可能的。因此，第一，有限物体不能实现自己对无限物体的作用。

G——时间

A ———无限被作用者　　　　B ——较大的有限作用者

AZ —— 无限物体的组成部分　D ——较小的有限作用者

H ———有限被作用者

第二，以同样的方式证明，“无限物体不能对有限事物起作用”。让 A 成为无限作用者，而 B 成为有限被作用物体；我们假定，在一定时间 G 里，无限 A 作用于有限 B 。然后，让有限物体 D 在同一时间 G 里作用于事物 B 的有限组成部分 BZ。当然，我们将得到作用者 D 和另一有限作用者 H 之间的比例和被作用者 BZ 对全部被作用者 B 之间相同的比例。如果我们现在提出作用者 H 对整个物体 B 的比例而取代作用者 D 对被作用者 BZ 的比例，那么，我们将得到在同一时间里 H 推动 B，同时，D 也推动被作用者 BZ。也就是在同一时间 G 里，无限作用者 A 推动 B。但这是不可能的。这种不可能性从我们已做的讲述可以得出。也就是说，如果无限事物在有限时间发生作用，那么，就必须使这一作用不在时间中，因为在有限和无限之间不可能有任何一种比例。因此，如果我们假定对同样被作用物体给予同样作用力是两个不同动因，那么，就必须假定这一作用力将在两个不同时间里进行：我们将得到一个物体作用时间与另一个物体作用时间的比例等于一个作用者与另一个作用者之间的比例。但是，如果我们假定两个作用者，其中一个是有限的，而另一个是无限的，它们都对同样被作用物体给予同样作用力，那么，我们必须二中择一：或无限作用者的作用力瞬间发生，或有限作用者的作用力在无限时间里发生。这两种情形都是不可能的。

G ——时间

A ——无限作用者

H ——有限作用者　　B ——有限被作用物体

D ——有限作用者　　BZ ——有限被作用物体的组成部分

第三，很明显，“无限物体不能对无限物体发生作用。”因为，这一点正如他在《物理学》中确信的那样，一种作用或反作用不使之完成是不可能的。但是。既然证明了,无限东西对无限东西的作用任何时候都不可能实现,那么,可以做出结论,一个无限物不能对另一无限物发生作用。我们假定两个无限物,其中一个无限物为 B,而另一个无限物为 A,在一定时间 G 里,A 对 B 给予作用,因此,有限作用将在有限时间完成。我们进一步假定,被作用物体的组成部分 BD 受到来自 A 的作用;在此情况下,当然,很明显,这部分被作用物体在比时间 G 更短的期间内受到这种作用;把小些的这部分时间用 Z 表示。那么,因此在时间 Z 和时间 G 之间将有一个像无限被作用物体较小部分 BD 和无限被作用物体较大部分 B 之间所具有的那样比例;让这部分在无限时间 G 里受到来自 A 作用的物体用 BDH 表示[33]。但是,在同样时间所有无限被作用物体 B 将受到来自 A 的作用,而这是不正确的,因为要使一个无限而另一个有限的两个被作用物体在同样时间经受来自同一个作用者同样作用是不可能的,那么,这一作用者是有限的呢,还是像我们先前假定的那样是无限的呢?

有限时间

G　　　　　Z

A ——无限作用者

无限被作用物体

B　　　D　　　H

菲洛捷伊:亚里士多德所说的一切,如果符合他的假设,或许是正确的;但是,正如我们已经发现,在说到无限时,没有任何一位哲学家会接受那些假设,从这些假设中人们会得出同样困难的结论。更何况我们研究他的论断不是为了反对那些论断,因为这些论断与我们的设想并不矛盾,我们这样分析只是为了讨论他的结论具有怎样的重要性。第一,亚里士多德在自己的假定中,没有从自然原理出发得出结论,而是抓住无限事物的这一部分或那一部分,要知道无限事物不能有各个部分,如果我们还不能断言每个部分也是无限的话;断言在无限事物中存在一些较大或较小部分,它们对于无限具有较大或较小比例关系,其本身就含有矛盾。如果你把某种东西增大100倍与你把它增大了3倍的情况相比,你不会更接近无限,因为无限数目由无数的3构成,与由无数的100构成相比并非处于较小等级上。无限维度可以用无限英尺来度量,也可用无限英里来度量,二者无区别。因此,当我们说到无限长度的组成部分时,我们不应当说100英里或数千帕拉桑[34]。因为这些数量能够作为有限部分被观察并且它们在实际上只是有限部分,这些部分对于有限物体来说,有着一定的比例;但是,它们不能够并且不应该认为那是一些它们与之无关的东西的组成部分。这样,1000年不构成永久的部分,因为它对整体没有比例;但是它是某个时间量度的部分,就像是1万年或者10万世纪的部分那样。

埃尔平:但是,请给我解释一下,您称之为无限长期性的部分是什么?

菲洛捷伊:长期性有比例的部分——这是指对长期性和时间有比例,但是对无限长期性和无限时间没有比例的那些部分。因为在无限时间里,考虑到无限小时不比无限世纪小,最大时间就是长期性中最大的有比例部分,这最大时间等于最小时间。我说的是,在无限的长期性即永久性中,世纪不比小时大。因此,所有被称为无限部分的事物,既然它是无限的部分,所以无论对于无限的长期性，还是对于无限的数量，它自身都是无限的。从这个学说中，您可以看到，当亚里士多德在其假设中引出结论，接受无限物体的有限部分时，他是何等的谨慎，当某些神学家从时间的永久性中得出荒谬的结论即存在各不相同的其中一个比另一个更大的无限的东西，就像存在各不相同的数的类型一样时，这些神学家其证据的说服力又是怎样的呢？我认为，为了走出无限的迷宫，这个学说正给您提供线索。

埃尔平：尤其是从那个根据关于无限步距和无限里程的原理而来的迷宫中走出来，这些步距和里程应当在宇宙的无限性中形成大的或小的无限。那么，请您继续讲下去。

菲洛捷伊：第二，亚里士多德不信服自己的论证，因为根据宇宙是无限的并且在宇宙中存在着无限的部分（我说的是“在宇宙中”，而不是说无限的“宇宙的部分”，因为讲在无限东西中的各个部分是一回事，讲无限东西的各个部分是另一回事）[35]，所有这些部分都在施加作用并受到损害，所以它们处于相互作用之中，他得出如下的结论：无限的东西作用于有限的东西或者前者从后者受到损害，或者是无限的东西作用于无限的东西，于是，后者因为前者而受到损害并且做出改变。我们认为，这个结论在物理意义上是不正确的，尽管它在逻辑意义上是正确的。要知道，我们能够用自己的智慧算出无限的积极部分和无限的消极部分，从这些部分中，一些构成另一些的对立面；但是在自然界和现实中，像我们看到的那样，这些部分相互排斥并且彼此脱离，借助各种界限而分散开来，并且无论在任何情况下，这些部分不强迫我们接受它们，也不说服人们接受无限的东西本身是主动的，或是被动的结论，而只是倾向于在无限中无数的有限部分是积极的或是被动的。总之，我们赞同的不是无限物体是运动和变化的，而是在无限物体中有无限的、运动的和易变的部分。按照物理和自然的无限性，我们不赞同有限东西经受来自无限东西的作用，或者相反，无限东西经受来自有限东西的作用，或是无限东西经受来自无限东西的作用；但是，这种损害与作用的无限性仅仅是一种逻辑和理性的接受，这种接受认为一切重的物体是一种重的物体，虽然在实际上全部重力绝对不会成为一种重力。所以无限物体其自身是不运动的，不变化的和不朽的；在这无限物体中或许存在已被完成了的、曾经完成了的无数和无限的运动与变化。对此还可以做一点补充，就是如果假定我们有两个物体，从一方面看它们是无限的，从另一方面看，它们会互相制约，那么，由此不应当得出亚里士多德所做的那样结论，即好像它们的作用和影响会是无限的。如果假定这两个物体的一个作用了另一个，施力体按照它自己的全部体积和大小是不会发生作用的，因为它紧靠受力体，与之联系在一起并且不按照它自己的全部大小，也不按照自己的所有部分与另一个物体接触。我们假定存在着两个无限物体 A 和 B，两者按照线或者面 FG 接触或联系在一起。当然，它们将不按照自己的全部力量使一个物体去作用另一个物体，因为它们不是以自己的所有部分彼此相互接近，因为它们的接触只在某种一定的和有限的界限中才能发生，我进一步断言，如果我们接受这个面或线是无限的话，由此将得不出这一结论，即与面或线进行接触的那两个物体彼此相互给予一个无限的作用抑或经受无限的损害，因为它们的作用不是强烈的而是离散的，这是因为它们各个部分是离散的。这就是

为什么无限的物体无论在哪个部分中都不会按照自己全部力量去发生作用,而只是离散地、一个部分接一个部分地、不连续地和个别地发生作用的原因。

	10	1	F	A	M	
A	20	2		B	N	B
	30	3		C	O	
	40	4	G	D	P	

这样,比如,从两个能够处于相互作用的矛盾体中,让 A 和 1,B 和 2,C 和 3,D 和 4 等等成为它们相邻的各部分直至无穷大。由此可知:任何时候都不会发生无限的强烈作用,因为这两个物体各部分不能够在已知的一定间隔的范围之外发生相互作用,与此类似,M 和 10,N 和 20,O 和 30,P 和 40 也不能发生相互作用,这就是为什么如果我们要接受两个无限物体,就得不出发生无限作用的结论的理由。我还要继续断言,如果连我们也假定和赞同这两个无限物体能够强烈地并且按照它自己的全部力量相发生互作用的话,那么,由此仍然不会产生任何无限作用或无限损害。因为在这种情况下,一个无限物体对另一个无限物体给予回击和抵抗不小于它自己所承受的那些冲击和作用,因此其自身并不发生任何变化。这样,当两个无限的矛盾着的物体相互发生对抗时,我们看到,由此得出结论是二者发生了有限变化抑或不发生任何变化。

埃尔平:但是您怎么理解一个有限物体和另一个无限物体的对立,例如,如果假定地球是冷的物体,而天空是火热的;这样的对立是在地球之间或是在所有发光的星球之间,还是在地球和有着无数星球的天空之间呢?您是否认为由此而得出亚里士多德的结

论，即有限东西应该被无限东西所吸收呢？[36]

菲洛捷伊：当然，不是这样，正如从原先所说中可以看出这一点一样。因为既然物体的力量根据无限物体的体积在扩展，那么，这种力量将不会以无限之力对有限物体产生作用，而只是以从各有限部分并按照一定距离放出的那种力量去作用有限物体，因为物体的力量不可能用自己所有部分产生作用，而只是通过离得最近的部分产生作用。这从下面的例子可以看出。我们假定，存在两个无限物体A和B，它们仅仅能够使处于10，20，30，40和M，N，O，P之间间隔里的那些部分产生相互作用，如果物体B要发展到无限，而物体A仍旧是有限的话，在此情况下，它们相互给予的作用将不会更有力量。这样，从两个矛盾着的物体的对抗中往往得出有限作用和有限变化的结论。我们认为，两者中一个是无限的，而另一个是有限的抑或两者都是无限的，结果都一样。

埃尔平：您使我感到非常满意，所以我认为援引其他毫无道理的理由是多余的，亚里士多德想以这些毫无道理的理由证明，在天空之外不存在无限物体，正如同他下面所说："占据地点的每一个物体都具有可感觉的性质，但是在天空之外没有可感觉的物体，因此，那里没有地点。"或者有如下的理由："一切可感觉的物体都占据着地点，天空之外没有地点，因此，那里就没有物体；总之那里不存在'以外'，因为'以外'意味着在那些可感觉的地点之间有区别，但是地点不意味着在精神上凭空臆想的物体之间有区别，就像某些人可能会想到这一点那样；但是如果某物具有可感觉的性质，那么它是有限的。"

菲洛捷伊：我相信并认为，到想象苍穹的那个边缘为止始终存在着一个空间的领域，在那里有世界万物、各种星球、许多地球和太阳；所有这些无论按其自身，还是对生活于其上或者在这些物体附近的那些人而言，它们都具有绝对意义上可感觉的性质，虽然它们由于距离遥远不能被我们所感受。由此，您能够看到，当我们在可想象的圆周界限之外不能感受到任何一种物体时，亚里士多德有什么根据推断在那里没有任何物体。因此，他顽固地拒绝相信在第八天体层之外存在任何物体，在这个层之外，当时的占星家们不允许有任何其他天球存在。那些占星家把围绕地球的可见世界的旋转归入处于所有其他事物之上的第一被推动者。从这样的前提出发，他们不得不不断地前行而越走越远，并且从一个空间扩大到另一个空间，最后他们想到了那些没有各种星球，因而也就没有可感知的物体的空间，结果这种意见甚至被占星术的先决条件和幻想所推翻。但是这种意见尤其受到那些依照其观点对被认为属于第八层天的事物有很好理解和认识的人的斥责。虽然如此，这些物体在不小的程度上其相互之间以及与地球的距离比起其他的7层天更遥远。被援引的支持它们所说的离地球同样遥远的唯一理由建立在虚假的推测上，即地球处于不运动状态。但是，整个自然界都反对这一点，一切理性都愤怒起来。一切正确的思想和优秀成熟的理性都谴责这一点。然而，无论如何，关于宇宙找到自己界限即我们感觉的作用在此停止的那个地方的断言与一切理性是对立的，因为感性知觉是我们断定物体存在的原因；但是由于我们知觉衰弱的结果造成感性知觉的缺失，而不是可感觉的客观对象不存在，仅此一点，要对认为物体不存在这一观点哪怕存有稍微地怀疑提供理由的话，是不够的。因为如果真理是以类似的感觉为

转移，那么，所有物体都会是我们所认为的那样，即它们相对我们和它们相互间的距离是同样的近，但是我们的判断力向我们表明，我们觉得某些星球在天空中是最小的，于是我们将其列入第四和第五类大小的星球，尽管它们在实际上比那些被我们列入第二或第一类大小的星球大得多。感觉不能评价巨大距离之间的相互关系；以我们的观点来看地球的运动，我们知道，这些星球不处在离我们星球同样距离的位置上，它们不是像人们想象的那样，放在一个均轮*上。

埃尔平：您想要说的是，它们似乎不是被固定在同一个天体的圆顶上。这是一个荒谬的概念。只有孩子们才会相信这一点，他们或许会相信，如果假定星体不是像薄板用好胶水或者用牢固的铁钉钉上去固定在自己天空上的话，那么这些星体就会像冰雹一样从天空中砸向我们。您想要说的是，这些其他星球和其他巨大的物体占据着自己的地方，并且在太空范围内维持自己的距离，就像这个地球占据着自己的地方一样，而地球的自转造成一种假象，即宇宙所有物体都在围绕地球运动，好像被捆在一起一样。您想要说的是，没有必要采纳在第八层或第九层天球之外存在精神物体的观点。但是正是这种环绕地球、月亮和太阳的一样的天空，在保持这种环绕的同时，充溢到无限并包罗其他无限的星座和有生命的东西；这个天空成为一种普遍的公用场所，它的无限广阔的怀抱包含着整个无限的宇宙，就像我们所看见的空间包含着巨大和

---

* 均轮，天文学术语，在托勒密的宇宙体系里，地球是不动的中心。为了说明行星视运动现象，认为每个行星在一个小圆上做等速运动，这个小圆叫作本轮。同时又假设本轮的中心在一个大圆上绕地球做等速运动，这个大圆叫作均轮。——译者

无数的天体一样。您想要说的是,这个天空不处于圆周运动中,这是一个包围我们的物体,它在自己运动中攫取许多星体、地球、月球和其他一些行星,它们以自己的灵魂,按照自己的运动轨迹在运动,它们都拥有不依赖于那种宇宙运动(这种宇宙运动的可见性自然表现为地球运动)和也不依赖于所有其他运动的自己本身的运动,那些运动对于就像被钉在流动物体上的所有星球来说,似乎是普遍的,那些运动的可见性自然表现为星球运动的各种形态,我们处在这一星球上,于是它的运动对我们来说是感知不出的,此外,您还想说,处在太空领域里的天空和各个部分除了紧缩和扩张之外没有其他运动,当一些物体围绕另外一些物体旋转,并且这个精神物体把一切都包含在它自身之中的时候,紧缩和扩张对于这些固体物体的前进运动来说是必要的。

菲洛捷伊:当然,除此之外,我认为,这种无限的和不可计量的物体是生物,虽然它不具有那些要与外部事物有关才有的一定的形态和感觉。因为它在自身中包含着全部的灵魂并且使一切都充溢着生气,于是有了这一切。其次,我断言,从两个无限物体的假定中不会引出任何困难的结论,因为世界是被认为有灵性的物体,在它里面有着无限动力和这种力量所指向的无限事物,这些事物非连续性地存在着,就像我们对此所做的解释那样。因为整个的连续不断的物体是不运动的;在它里面没有任何一个必需的中心点可供圆周运动,也没有任何一种会从一点指向另一点的直线运动,因为在它里面没有任何中心和边际。我还进一步断言,重的和轻的运动不仅不适合无限物体,而且也不适合处于无限之中的整个的和完美的物体,甚至也不适合处于自己的本来地点并享有自己的天然位置的任何一个部分。我重复一遍,无论什么东西都不是绝对意义上的轻或重,而只在相对的意义上,即对于那个地点,分散的和零零落落的各部分向着它重新恢复和凝聚起来时才有轻或重。今天我们关于宇宙的无限巨大已经说得够多了。如果你愿意听取关于在宇宙中所存在的无限众世界的话,明天我将等您。

埃尔平:尽管上述的话足以使我能够进一步独立地思考,然而为了听取其他特殊的和值得注意的解释,明天我将会来。

伏拉卡思多里伊:从我这方面来说,我只是一位听众。

布尔金:我也一样,我越渐渐地理解您,也就越慢慢地认为您说得很像是真实的,或者甚至觉得您说的可能是正确的。

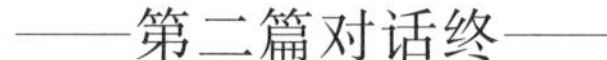

——第二篇对话终——

第三篇对话

菲洛捷伊:因此,太一是天空,是无限的空间,这一无限空间的怀抱包含一切,这是太空的领域,在这一领域中一切都在其中飞逝和运动。太空中有无数的星星,星座,球体,太阳和地球都是被感知的;我们用理智断定其他星体在数量上是无限的。不可计量的无限的宇宙是由这个空间和被包含在其中的各种物体组成的。

埃尔平:这样一来,没有带凹面和凸面的空间领域,没有均轮,但是一切是一个场,存在一个共同的天体贮藏所。

菲洛捷伊:是的,正是如此。

埃尔平:由此可见,是各种各样星球的运动迫使人们想象不同的天空:人们看见环绕地球旋转的,挂满繁星的天空,并且其中任何一个星球都不会相互离开,所有这些星球相互之间总是保持着同样的距离和关系,保持着同样的秩序;所有这些星球都环绕地球旋转,同样也环绕自己的轮子轴心旋转,在其轮子上固定着无数的镜子。人们显然认为,正如我们的眼睛看见的那样,这些闪光的天体不具备自己的本来运动,若有这种运动,它们才能够像鸟在空中飞翔那样自己运动;人们认为,这些被固定在自己轨道上的天体运动是由于某种神力智慧的推动力所致。

菲洛捷伊:人们一般的观点就是这样;但是,谁会理解我们居住其上的这一世界星体的运动，该星体并非固定在任何轨道上，由于内部原则、自己的灵魂和自身本质，它环绕太阳飞逝过广阔空间或者环绕自己的中心旋转，持这种观点的人将摆脱这一错误认识。在他的面前打开了理解自然物体真理原则的大门，并且他将迈着巨大的步伐沿着真理的道路前进。直到现在，这一真理还隐藏在既卑鄙又野蛮的谬误的掩盖之下；迄今为止，由于不利的时间条件，真理仍然被隐藏着，古代智者明亮的白天之后，鲁莽的诡辩者的阴森黑夜来到了。[37]

不存在静止不动——一切在运动，在旋转，
在天空中，或者在天空下被发现。
任何一个物体都在本能地运动着，
它离我们或近，或远，
它或重，或轻。
可能，所有这一切朝着同样一个方向
以同样步伐向上和向下移动，
为自己寻找共同点。
即使大海波涛汹涌
山脉移动，时而向上和时而向下，
但是，一切保留着本来的面貌。
同样的旋风在旋转
一切都分享着同样的命运。

埃尔平：毫无疑问，整个关于星星、火焰、轴心、均轮、本轮的

作用和其他怪物雕像等幻想物，这一切应该是由自己的想象造成的，而没有任何其他原因。所以，我们觉得，这个地球处于中心和宇宙的中间，仅仅地球一个是静止的和固定的，而所有其他的一切都围绕它旋转。

菲洛捷伊：在月球和其他星球（如地球或者太阳）上生活的人们似乎也有同样感觉，它们也位于这个同样的空间中。

埃尔平：如果我们现在接受，地球自转造成每天世界运动的假象和自己的不同运动造成无数星球运动的假象，那么，我们不得不断言，月球（它是另外一个地球）[⑧] 以其自身的力量在大气中围绕太阳旋转。这样一来，金星、水星和其他星体就是其他地球，围绕着同样的生命之父，完成各自的行程。

菲洛捷伊：正是如此。

埃尔平：这些星体中每一个自己的运动，将是在我们除去这一世界的运动和被称为不运动的星球（两者的运动都与地球有关）的运动之后而获得的；这些运动的区别不小于这些天体，所以任何时候都不可能有两个保持同样顺序和同样运动程度的星球；但是，如果我们没有发现它们运动中的任何差别，那么，这是因为它们距离我们相当遥远；事实上，星球是围绕太阳和围绕自身的中心进行圆周的运动，以便获得必需的热量，虽然我们还没有理会到它们靠近和远离太阳的区别。

菲洛捷伊：正是如此。

埃尔平：因此，存在着无数的太阳，无数的围绕着各自太阳旋转的地球，就像我们的 7 颗行星围绕着我们的太阳旋转一样？

菲洛捷伊：确实这样。

埃尔平:为什么我们没有看到，在这些天体即那些太阳的周围,那些作为它们的地球在旋转着的其他星体呢?我们没有看到任何其他的运动,所有其他的天体,除了所谓的彗星以外,总是在同一顺序和同一距离上被我们观察到。

菲洛捷伊:这是由于下列情况而发生的:我们看见那些太阳,它们是更大或者通常是最大的天体,但是我们没有看见那些地球,对我们而言它们是小得多的天体,是不可见的。这与如下道理——还有其他地球围绕这个太阳在旋转[39],这些地球还没有为我们所觉察,或者是由于它们太遥远,或者是由于它们的体积还不够大,或者是由于它们的表面缺乏大面积的水面,或者是由于这些表面不可能同时朝向我们和相对于太阳,在这种情况下,仿佛就像是在晶莹的镜子上反射一样,太阳光线使得它们能够被我们所看见,——并不相矛盾。如果我们经常听见,没有月亮出现在我们和太阳之间,太阳出现某些日食,这不足为奇并且不违背自然。除了可见的以外,可能还存在无数闪光的水体(即地球,由水组成的地球的部分)围绕在太阳的周围;但是由于它们太遥远,我们没有觉察出它们的旋转。正是由于那些处于土星界线之外的天体运动特别缓慢,所以我们没有发现一部分与另一部分之间运动的区别和不可能找出它们环绕中心运行的规律,反正,我们将会认为地球或者太阳是它们的中心。

埃尔平:既然离开中心,即离开太阳那么遥远,那么,所有这些行星究竟怎样能够从太阳那里获取必不可少的热能呢?

菲洛捷伊:因为它们更加遥远,那么,它们走的圆周就更大;它们走的圆周越大,它们环绕太阳运动的速度就越慢;它们运动的速度越慢，它们就会更加抵抗太阳火热和炽热光线的作用。

埃尔平：因此，您认为，虽然这些天体距离太阳非常遥远，但是它们能够从太阳那里获取足够的热能。因为，它们围绕自己中心旋转得越快，环绕太阳旋转得速度就越慢，它们不仅能够获取足够数量的热能，而且，甚至还有剩余，如果需要的话；由于自身旋转得越快，它们没有获取足够热能的凸起表面的每一个部分，自身旋转得就越快；由于环绕火焰中心旋转得越慢，它们的表面遭受到太阳更长时间的作用和获得更大数量的清新的和炽热的光线。

菲洛捷伊：正是这样。

埃尔平：因此，您认为，如果我们在土星界线之外所看见的星星确实是不移动的，那么，它们是无数的太阳或火球，对我们而言，它们或多或少是可见的，而围绕它们运行的那些物体，照样对我们而言是看不见的，对它们而言则是一些距离近的地球。

菲洛捷伊：应该如此确定，同时要注意，所有的地球都应拥有同样的关系，而所有的太阳也都应拥有同样的关系。

埃尔平：因而，您认为，所有这些不移动的星体都是太阳？

菲洛捷伊：不是，因为我不知道，是它们全部不运动，或者只是它们的大部分不运动和它们其中一部分围绕着另外部分运动；要知道，到目前为止，没有谁能观察到这一点，除此以外，也不容易观察到这一点；正是同样不容易观察遥远物体的前进过程和运动，该物体在遥远的距离中，仿佛不改变自己的位置，正如我们在漂泊于茫茫大海的船上所看到的一样。但是，无论如何，既然宇宙是无限的，就必然存在许多的太阳；因为，唯一的一个太阳的光和热不可能辐射到整个无限的宇宙中，正如伊壁鸠鲁设想的这样，如果有些人关于伊壁鸠鲁所通报的情况是确实的话。所以，需要接受还存在无数太阳的观点，对我们而言，其中的许多我们察觉到是小小的天体；但是，有些我们可能看起来为更小的星体，虽然实际上它们比我们似乎看起来非常大的星体要大得多。

埃尔平：所有这一切都需要认定是可能的和可以接受的。

菲洛捷伊：那些地球可能围绕这些太阳旋转，它们比我们这个地球质量更大或者更小。

埃尔平：但是，我们如何发现它们的区别呢？我是说，如何可以区分火球与地球呢？

菲洛捷伊：由于火球是固定不动的，而地球是移动的，以及由于火球闪烁，而地球却不闪烁；在这些特征中，第二特征更明显于第一特征。

埃尔平：据说，由于星体距离我们很遥远，才发生闪烁的能见度？

菲洛捷伊：假如事情是这样，那么，太阳不会比所有天体闪烁得更强，而更加遥远的小一些的星球闪烁会更强于距离我们更近的大一些的星球。

埃尔平：您是否考虑过，火的世界就像水的世界一样存在？

菲洛捷伊：一点也不次于。

埃尔平：但是，什么样的生物能够生活在火中？

菲洛捷伊：您不应该认为，这些天体是由相同的部分组成，因为在这种情况下，它们或许不是世界，而是一种荒无人烟的和贫瘠的物体。所以，它们由不同的各部分构成，就像是这个地球和其他地球都具有不同的自身器官一样；并且，这些地球似乎是很遥远的被照亮的水，而那些地球似乎是很遥远的熊熊燃烧的发光体。

埃尔平：您认为，按照自身组成成分和密度，太阳的基本元素与地球的基本元素是相同的吗？因为我知道，您不怀疑存在一种一切由此产生的原始质料。

菲洛捷伊：当然，蒂迈欧理解这一点，柏拉图也对此加以证实，所有真正的哲学家也都这样认识；可仅有为数不多的人能对此做出解释，但在我们时代却找不到任何人可以明白这一点；相反，许多人竭尽全力千方百计设法模糊有关意识；这一切都是由于理性习惯的恶化和原则错误而产生。

埃尔平：如果真的没有被了解，那么，尼古拉·库津斯基在自己的《学术性的无知》一书中似乎也接近于这种认识方法。当他论述地球的特点时，他确定了以下观点："从地球的昏暗和黑色，你们不应该断定，地球的球体坏了，与其他天体相比欠优美。因为，如果我们居住在太阳上，那么，我们也感受不了太阳在它周围的领域中是如此的明亮。随后，如果我们认真观察太阳[40]，那么，我们将发现大约在太阳中间，就像地球一样，甚至就像湿润天体和雾气笼罩的天体一样，尔后作为放射明亮闪光的圆周体。可见，太阳是由地球一样的元素组成。"

菲洛捷伊：至今，他讲得很绝妙，但请告诉我们，他又进一步说了些什么？

埃尔平：按照他进一步的说法判断，想必是，他认为这个地球是另外一个太阳并以为所有其他星球也是太阳。他说，"如果任何一个人处于我们的火球范围之外，那么，这个地球对于他而言就是一个被火焰区域包围着的发光的星球；对处在太阳区域圆周上的我们也恰恰如此，太阳看起来就是一个非常大的发光体；月亮对我们而言看起来就不是那么发光，因为在月亮的领域，我们处在接近中间的部分，或者，正如他所说，我们处在接近中心的部分，即，我们处在月亮雾气笼罩和多水的区域；这就是为什么月亮虽然具有自己的光，对我们而言看起来就不是那种样子，因为我们发现的只是由于太阳光从月亮的水面反射所获得的光”。

菲洛捷伊：这位卓越的人看到和理解许多事物，他也确实是最著名的充满这种精神的学者之一；但是，至于认识真理，他则像是一位巨浪将其一会儿推向高潮，一会儿抛向低谷的游泳者。因为他没有看到连续不断的，开阔的，明亮的光，他不是在平静、明亮的水中游泳。他只是部分地，通过已知的间隔抓住了真理。其原因是，他未能从他所吸取的各种虚假原则和他作为出发点的普遍通用的学说中解脱出来；这就是为什么他非常恰当地称自己的书为《论学术性的无知》或者《论无知的学术》，也可能是蓄意的。

埃尔平：这是什么原则，由于该原则他没有获得解脱，但是，由于该原则他应该获得解脱吗？

菲洛捷伊：他认为，火焰的元素不是别的，正是由于天空运动突然产生闪烁的空气，火焰是最高阶段中微妙的物质；但是，这与真理和自然相矛盾，当我们将专门讨论这个题目时，我们就会看到；那时，我们将证实，必然存在物质密度大和硬度强的本原，无论是热天体，还是冷天体都是这样，以太领域不可能成为火焰，也不是火焰，但是，被由像太阳那样邻近的硬度强和密度大的天体照亮和烧热起来。这就是为什么，当我们谈起有关自然的东西，我们没有必要采取数学的想象。我们看到，并非地球的所有部分会自身发光,但是,某些部分以其他方式发光并且使周围领域传导受热,例如,吸收到太阳光和热的水或者是烟雾笼罩的空气。所以必须认为,存在着第一物体,该物体自身既具备光又具备热;如果这个物体不是稳定的,坚固的和稠密的,它就不可能存在;因为稀疏的和细薄的物质不可能成为光和热的载体,正如我们将恰当地论证这一点那样。最后,必须认为,两个对立的初始的积极质量的两个根据都同样的稳定[41]以及太阳放射光和热的相应部分具备石头或者结实的烧得炽热的金属的坚固性;我说的不是易熔的金属,像铅,青铜,金和银,而是不易熔的金属,像通过火焰不能加热的铁,而是自身就是火的铁。然而,我们所居住的星球自身是寒冷和黑暗的,它不具备光和热,而是从太阳那里获取光和热,——太阳自身是温暖的和发光的,并与寒冷和黑暗相关,因为是被周围的物体所冷却和具有少量的水,就像地球具有少量的火那样,所以,就像在这个自身是冰和暗的最寒冷的天体上存在,需要太阳的热和光的生物一样,同样如此,在这个最炽热的、发光的天体上也存在着依赖围绕它们周围的冷物体的冷却而生活的生物[42];就像这个物体以某种方式由于自己不一样的部分与热相关一样,那么,那个天体由于自己冷的部分而与冷相关。

埃尔平:但是,关于光您要说些什么呢?

菲洛捷伊:我要说,太阳不会照亮太阳,而地球不会照亮地球。任何一个天体都不会照亮自身,但是,每一个发光的天体都会照亮它周围的空间。所以,虽然由于反射在地球晶莹表面上的太阳光线使地球亮了,但是地球的光亮却没有为我们所发觉,又没有为那些位于在这个表面上的人们所发觉,而只能为位于地球对面的人们所发觉。与此相似，虽然海洋的所有表面在夜间由月亮的光线照亮，但是，对于航行在大海上的人来说，只有处于月亮对面的某个部分才显出被照亮了；但是，假如航行者在空中，能使自己在海面上升得越高，那么，被照亮的海面对他们而言就越来越大。由此非常容易地得出结论，那些生活在发光的星球上或者虽然被照亮的星球上的人们不会发觉自身星球的光亮，而只能发觉他们周围星球的光亮，就像在公共空间中每一个独立地点从另一个地点那里获取自己的光亮。

埃尔平：因此您确信，对于太阳的居住者而言，产生白昼的原因不是太阳，而是周围星球中的另一个星球吗？

菲洛捷伊：正是这样，难道您不理解这一点？

埃尔平：谁不理解这一点！我还理解由此引申出来的其他东西。因此，存在两种发光体，即：初始发光的火的发光体和由光反射发光的水的和晶体的发光体。

菲洛捷伊：正是这样。

埃尔平：那么，光的原因不应该认为属于另一本原？

菲洛捷伊：当我们不了解光的另外根据时，按另一种方式可能是怎样的方法呢？为什么我们要在经验本身教会我们的地方采用空泛的臆造？

埃尔平：确实，我们不应该认为，这些天体发光，是由于某一偶然的和变幻无常的原因，诸如，腐烂树木，鱼的黏液和鳞片，口蹄疫和萤火虫脆弱的脊背，关于它们的发光原因我们还将进行论述。

菲洛捷伊：随您所便。

埃尔平：所以，认为环绕我们周围的这些发光天体是某种第五本质[43]，它们与位于我们近处的天体和我们与之接近的天体相对立，且具有神的本质的那些人是错误的；他们的错误与那些断言从远处我们所能见到的就是蜡烛或发光晶体的人相类似。

菲洛捷伊：当然。

伏拉卡思多里伊：事实上，每一种感觉，智慧和理性都应该明白这一点。

布尔基：但是，我的才智不明白这一点，它认为您的这些观点是诡辩。

菲洛捷伊：请你回答他，伏拉卡思多里伊，因为我和埃尔平已经议论得够多的了，而现在我们将听您的讲述。

伏拉卡思多里伊：我亲爱的布尔基，我们假定，你处在亚里士多德的位置，而我是一个白痴和乡巴佬，我承认，菲洛捷伊所确认的和亚里士多德所讲述的东西以及跟随其后的整个世界我一点也不理解。我相信大多数人，相信为了逍遥派权威的荣誉和庄严，我与无数群众一起赞赏大自然这个魔鬼的神性；但是，恰恰由于这一点，我到你这儿来，以便让你教授我真谛并使我从你称为诡辩者的观点中解脱出来。在这里我问您，你们根据什么理由，确信无论如何，在天上天体和位于我们周围的那些天体之间存在这样巨大的差别或较大的或甚至是任何一种的差别呢？

布尔基：那些是神妙的，而这些是质料的。

伏拉卡思多里伊：你们用怎样方式向我证实并使我相信，那些天体更神妙呢？

布尔基：因为那些天体是冷静的和不变的，不朽的和永恒的，而这些正相反；那些天体以圆周的并且十分完美的形式在运动，而这些则做直线运动。

伏拉卡思多里伊：我想知道，根据什么理由，你们认为，这个唯一的天体（你认为该天体是由三个或者四个天体组成，而不认为它是个有机体，不认为这些天体是该有机体的成员）不运动，就像其他可移动星球那样，请注意，因为它们位于一定的距离界线之外，那些星球的运动我们不易察觉。如果这个天体在运动，那么，它的运动不可能为我们所察觉，因为正如古代和现代的真正的自然观测者已发现了这一点并且感性经验以成千上万的方法表明这一点一样，只有借助与某种不移动天体进行一定的比较和联系，我们才能察觉这一运动。所以，在航行的船上处在大海中间的人们，如果他们不知道水在流动和看不见海岸，就不会觉察船舶在运动。由此，可以怀疑地球的静止和不运动。我可以认为，如果我处在太阳，月亮或者其他星球上，那么，我总觉得，我处在静止世界的中心，一切圆周都环绕它旋转，在该世界的周围，旋转着这个我就处在其中心的环绕在我周围的世界。这就是为什么我不大相信运动天体和稳定天体之间的差别的原因。

至于你所谈及的直线运动，那么，当然，我们没有察觉这个天体沿着直线运动，正如我们在其他天体那里也没有看见这一点一样。如果地球运动，它沿着圆周运动，就像其他星球那样，正如高尔吉亚、柏拉图和其他智者所主张的那样，亚里士多德和所有其他人也应该允准这一点。当我们发现，在这个地球上什么东西在升起或者下降，那么，这与整个地球无关，而只是与地球的某些部分相关，这些部分没有远离那个领域的界线，该领域包括这个球体的各部分和各成员；在这个地球中，如同在一个活生生的有机体里，发生着部分流出和流入，进行着它们的某些变化和复兴。如果同样发生在其他星球上，那么，它也不应该为我们所察觉。因为，如果在其他星球上也发生着蒸发，刮风，下雨，飘雪，雷和闪电，干旱，丰收，水灾，诞生和死亡，那么，所有这些现象，——如果它们发生在其他星球上，——不可能为我们所察觉。因为这些星球被我们察觉，仅仅依赖于经过浩瀚空间，它们的火焰，水流或者多云的表面发出的持续不断的光点。可见，也是由于海洋表面发出的光点，我们的星球才为其他星球上的生物所察觉（而有时是多云物体，由于该物体，月亮的黑暗部分似乎对我们而言并不是那么黑暗）。我们地球表面的变化只有经过了最大的时间间隔——各地质时期和数世纪，在这个漫长的期间里海洋变为大陆，而大陆变为海洋[44]。可见，这个天体和那些天体被察觉，只是由于它们发出的那个光亮。我们地球发送到其他星球的光亮和相类似星球光亮相比，具有不相上下的永恒性和不变性；就像一些星球部分的直线运动和变化没有为我们察觉一样，对于它们而言，我们地球上进行的任何其他运动和变化也没有被察觉。就像从地球上（地球是另一个月亮），我们觉得月亮的不同部分是在不同程度上被照亮一样，在月亮上看（月亮是另一个地球），地球的不同部分以自己表面的各种不同的形式相区别。正如，如果月亮距离我们越远，黑暗部分的直径就会越小，而明亮的部分就连成一片并为我们的视觉呈现出越小的光亮天体，恰恰如此，如果地球距离月亮越远，它就似乎是一个小星球。由此，我们可以得出结论，在无数的星球之间，存在许多另外的月亮，许多另外的地球，许多与我们的世界相似的另外世界；它们的居住者似乎觉得，我们的地球在环绕着他们运动，与此

相似，我们似乎觉得，他们在环绕着这个地球进行运动和旋转。可见，当我们处处发现谐调一致时，为什么我们应该确信，在众天体和这个地球之间，存在着差别呢？如果任何理智，任何感觉都不能使我们怀疑这一点，为什么我们要否认这个谐调一致呢？

布尔基：因此，您认为，那些天体与我们的天体没有区别已经被证实？[45]

伏拉卡思多里伊：我想是的，因为我们从那里所察觉的，可能他们从这里也察觉到，反之亦然。也就是在那里和这里察觉小的天体，该天体在近处，闪光的只是一部分，而距离遥远，就会呈现出闪光点，它们相互之间距离越远，这些闪光点就会越小。

布尔基：但是，那个美好的秩序究竟在哪里？那是大自然的美好等级，沿着这个等级，从更加粗糙和密度大的物体，像地球那样；到更小密度的物体，像水那样；到细小的物体，像蒸汽那样；到更加细小的物体，像清洁的空气那样；到最细小的物体，像火那样；到神的物体，像天体那样？从黑暗的物体，到较黑暗的物体，到明亮的物体，到更明亮的物体，到最明亮的物体；从昏暗的物体到光明的物体，从易变换和易逝的物体到自由地来自于一切的变化和损毁；从最重的物体到重的物体，从重的物体到轻的物体，从轻的物体到最轻的物体，而从最轻的物体到不轻也不重的物体；从向中心运动的物体到离开中心运动的物体，从这些离开中心运动的物体到环绕中心运动的物体？[46]

伏拉卡思多里伊：您想知道，这个秩序在哪里吗？就在有梦境，幻想，狮头羊身蛇尾的巨怪和狂妄行为的地方。因为至于运动，则是由自然而来的运动的一切，它们具有环绕自身中心或者环绕其他中心进行的圆周运动;我认为,——圆周运动,不是简单地在几何意义上研究圆周和圆周运动,而是按照物理事物在自己位置转换时遵循的原则。无论任何一个主要天体按本性来说,直线运动都是不会有的。因为我们发现只在好像是世界天体流出的排出物的那些部分,只在可加入到相似领域和相似成员的那些部分才察觉到直线运动。这一点我们可以在水中看到,由于炎热,水形成稀薄的雾气向上升起,但是,在受冷浓缩的原来形式中会向下降落,它遵循着运动的定律,我们将在自己所处的位置讨论这些定律。至于划分为四种物体,即被称之为土、水、气、火,那么,我想知道,是以怎样的性质,怎样的艺术,怎样的感觉进行这样的分法,如何进行检查和证实它?

布尔基:因此,您是否认这个著名的元素四分法?

伏拉卡思多里伊:我不否认这个分法,因为我允许每一个人如他所愿去辨别出自然的事物;但是,我否认这个秩序,这个排列,而恰恰是土地被水包围并覆盖,水被气,气被火,火被天空包围并覆盖。因为我断言,同一个天体包围和包含着所有天体和巨大机械,我们好像看到它们被播种和撒落在这个辽阔田野上;其中每一个天体,如星球、世界、永恒天体都是由被称为土、水、气、火所构成。但是,既然在天体的实体中,占优势的是火,它则被称为太阳,是自行照亮的天体;既然占优势的是水,它则被称为地球,月亮或者如上所述其他类似的从另外一个天体获取亮光的天体。因此,在这些星球或者正如我们将它们称为众多世界上,这些不同的部分根据各种各样和不同的成分进行排列,形成山岩,池塘,河流,泉源,海洋,沙土,金属,洞穴,山峦,盆地以及诸如此类复合物、姿态和图形的地貌等;在动物中与这些不同地貌相适合的所谓“不同种类的”部分,是根据相应各种各样和多种不同的成分,由骨骼、内脏、静脉、动脉、肌肉、神经系统、肺等器官所组成,——它们有着这样或者那样的身材,在动物中形成自己的山峦、盆地、密、水、生命的灵魂、火,在这里发生着相应于气象现象的事变;黏膜炎、丹毒、结石、晕眩、疟疾和其他无数的疾患与习惯就是这样[47]。它们适合与雾、雨、雪、酷热、热气、雷、闪电、地震、风、沙尘暴和海上风暴。因此,如果与我们通常认为是那样的那些天体不一样,地球和其他世界天体在相当程度上是有生命的东西,那么,它们当然是那种被赋予最大和最好的智慧的生命。

亚里士多德或者其他人究竟想用怎样的方式证实,气很快地处在地球的周围,而不在地球的内部,地球没有任何一个部分,气不渗透其中。看来,当人们确认,空洞的东西可以从外部抓住一切并向盈满的内部渗透,古代的智者怀疑过这一点。您是否能够设想如果没有组合和连接各部分的水,地球是稠密的、厚实的和坚硬的吗?您怎么能够认为,在中心附近地球更重,同时,又不承认地球在那里的部分更加稠密和厚实,这样的密度不可能没有仅仅唯一能粘接各部分的水?[48]谁不看见,在地球的各处,众多的岛屿和山峦凸出水面?它们不仅高高升出水面之上,而且还处在包容于高山之间的迷雾和大气旋风之上构成地球的器官之一,使地球成为完美的球形;由此可以清楚地看到,水进入地球的内部在相当程度上比进入我们身体的汁液和血液要多。谁不知道,在地球的深层岩穴和低洼之地聚集着主要的水量?如果你说,水流沿着两岸分流,那么,我会回答,它们不形成地球的上端部分,因为存在于最高山峰之间的一切，应该被认为是处于地球洼处的。洒落在平面上并保持自己形状的水滴具有与此相似的现象，因为包罗一切并包含在一切之中的内在灵魂正发生这一行为，也就是，根据事物的特性，水尽其所能地将各部分连接起来。有关水处于高出地面或者围绕地面的假设，同样是不真实的，就像如果我们认为，我们身体的汁液就在身体周围或者身体的外面一样。要知道，如果从岸边和所有围绕它们的地方观察水流，在中间聚集的水流似乎更高。如果干土的各部分能够真的同样地自然而然地连接起来，那么，结果会是一样的；我们会发现，当它们由于水而粘合起来时，它们形成球体形状；因为干燥的部分只是由于水才在空气中成为被连接和密度大的东西。因此，水就处在地球的内部，并且没有任何一部分土地，即使是密度大和稠密的部分，不包含比土还要多的水（因为任何一个物体密度越大，它的各部分连接的就越紧密和其中能够连接这些部分的元素所占优势就越大）。此后谁会不同意，确切地说，即不同意水是地球的基础，而不是地球是水的基础，地球建立在水上，而不是水建立在地球上呢？我也不是说，高出我们居住地球表面的被称为海洋的水的厚层，不是那么巨大，只是在于可以将水与这个球体的全部质量相比较；实际上水不是处在地球的周围，就像无知者所认为的那样，而是处在地球的内部。事物的逻辑，或者也许跟随古代哲学家的习惯，迫使亚里士多德在自己的《气象学》第一卷中承认，使人惊动不安的大气旋风的两个低层区域被阻断并被高山压缩，形成似乎是地球的部分或者器官；地球总是被平静的、洁净的和透明的空气包围着和压制着，透过空气，看得见星星并且从那儿可以看见由于这个伟大的生物及神的生存及

呼吸所产生的风、乌云、迷雾和暴风雨、涨潮和落潮，我们称这个伟大的生物和神为地球；诗人们称其为刻瑞斯、伊希斯、普洛塞耳庇娜或者狄安娜，在天上狄安娜又被称为卢喀娜*；他们想用这些指出，它在本质上与地球没有区别。由此你会看见，当荷马没有沉睡时[49]善良的他在某种程度上并无意要断言，似乎水在地球表面或者环绕地球有着自己的自然位置，那里没有任何风、雨和雾。如果他更加注意观察，就会看见，这个天体的中心（如果那里是重力的中心）也拥有比土更多的水。因为土的各部分具有重力，所以，它们和水的各部分混合在一起；只有水可以给它们顺着气降落并找到自身位置的能力和渴望。所以，如此经过调整了的经验，如此真实的观点可以与这些部分这样的划分相协调，这种划分被卑劣和盲从的平民所采用，被那些说话不深思熟虑的人所赞同，也被那些说得多和思索少的人所鼓吹。谁能够认为，这个判定是不真实的，但是，这个判定如由没有权威的人士说出就遭受嘲讽，如备受敬重的有名望的人士宣布，就会作为需要加以借喻性解释的神秘剧或寓言，如果这个判定由比权威更加有思想和智慧的人士介绍，那么，只是作为一种隐蔽的奇谈怪论？当柏拉图说，我们居住在地球黑暗的洞穴中[50]，并且我们也与存在于地球上的生物有关系，就像鱼与我们有关一样的时候，他在蒂迈欧、毕达哥拉斯和其他人士之后，确信这一意见。因为鱼类生存在更浓厚、更稠密的水分中，就像我们生活在更有雾的气中，那些人生活在更清洁、更平静的区域

* 刻瑞斯，古罗马谷物女神；伊希斯，古埃及女神，古埃及神话中贤妻良母的象征，又被视为地神；普洛塞耳庇娜，古罗马神话中的冥后，也是丰产女神；狄安娜，古罗马神话中的月亮和狩猎女神；卢喀娜，古罗马神话中司生育的女神。——译者

一样;同样,大洋与气相比不是清洁的水,就像我们的气与其他确实清洁的气相比是一直带有雾气的一样。由所有这一切,我得出如下结论:大海,源泉,河流,高山,石头和在其中所含有的以及直至中间区域所包含的空气,正如所称呼它那样,恰恰不是别的,而是那个同一天体的部分和不同器官,那个同一质量的部分和不同成分,类似于组织起来的生物的部分和成分,我们通常认为他们是这个样子;这一天体的界限、凸面和最外表面以高山的极度边缘和空气旋风为限。所以,海洋和江河存在于地球的深处,就像被认为是血液的源泉的肝脏和我们身体内部所包含的分岔的静脉一样。

布尔基:所以,地球不是最重的天体,并且不会形成有不那么重,但同样要比气重的水包围地球那样的中心?

伏拉卡思多里伊:如果你根据物体浸透入孔和冲向中间和中心的极大能力判断重力,那么,我要说,空气同时是在所有被称作元素之间最重的和最轻的元素。

因为就像地球的每个部分,当它获得自由的空间,就会达到中间的程度一样,气的各部分比任何其他元素的部分更快地朝着中间移动;因为气最轻,到处散播并充满空心间隙。大地的各部分没有那样迅速地移动到自己的位置,它们通常只有在经过气浸透时才会移动。因为要使气浸透到任何地方,不需要任何土、水和火。这些元素的任何一个都不能赶在气的前头并在速度与轻盈方面超过它,借助轻盈,它可以充满任何物体的所有间隙。此外,如果我们挪开坚固物体的土,气立刻就会占领它的位置;但是,土不会占领气的位置,如果我们能够挪开气。因此,既然气独具渗入每个位置和每个角落的特色,所以我们可以说,没有物体比气更轻,也没有物体比气更重。

布尔基:但是,关于水的话题你要说些什么?

伏拉卡思多里伊:关于水我已经说过了,我再重复一下,水比土重,因为我们看见,比起土渗入水中,水更加有力地急速落下并渗入土中。此外,土本身不与水混合,可以漂浮在水上,而毫无能力渗入水内部;如果土被水浸透并被浓缩成一大堆和密度大的物体,只有此时,土才会滑落;由于这个密度和浓稠,土才能够浸入水中。相反,水任何时候并不因土滑落,由于土密集起来,浓稠增加和自身部分的数量加倍,浸进陆地并把陆地连接起来,这就是为什么我们看见,一个装满完全干燥草木灰的花瓶比与它相同的其中什么也没有的花瓶可充满更大数量的水。因此,像这样的陆地,可以停留在上面并漂浮在水上。

布尔基:最好向我解释这一点。

伏拉卡思多里伊:我再重复一次,如果我们将所有的水从地球中分离开,地球就会变成完全干燥的,那么,由此必然得出结论,余下的物体会是不稳定的,稀疏的,容易以相互之间毫无关联的无数细小的尘埃形式随气消散。形成自身连续不断的物体是气;形成因黏结性而连续不断的物体是水,是要成为由水混合在一起的将是坚固的和相连接的物体,抑或是有时要做一种物体,有时要做另一种物体。因此,如果重力不是别的,正是各部分的凝集和密度,地球各部分只有依赖水才能使其相互连接在一起,水的各部分,类似于气的各部分,自身联结在一起并拥有巨大的力量或者甚至是异常的力量将其他物体的各部分相互联结在一起,在这种情况下,与仅仅依靠水才变为重物和获得重量的其他物体相比,水是最重的物体。所以我们应该认为那些说地球以水为基础的人们[51]，不是轻率的，而是非常有智慧的。

布尔基：我们说，永远应当接受地球处在中心的观点，正如许多高级学者所确认的那样。

伏拉卡思多里伊：是轻率的学者承认的。

布尔基：您说的轻率学者是什么意思？

伏拉卡思多里伊：我是说，这个确认没有得到任何经验和理智证实。

布尔基：难道我们没有看见，大海有自己的涨潮和落潮，而江河在地表上流动吗？

伏拉卡思多里伊：难道我们没有看见，泉就处在地球的内部并且从地球的内部流出，它们是江河的本原，是它们形成池塘和大海吗？如果您明白我多次所说过的话，您应该同意这一点。

布尔基：我们看到，起初，水从气中落下，然后这水就形成泉。

伏拉卡思多里伊：我们知道，水（如果水从另外的气，而不是从那种形成地球的部分并属于地球机体的气落下。）首先是原始地和完整地存在于地球内部，然后才衍生地、再度地和局部地存在于气中。

布尔基：我知道，你坚持认为，不是大海，而是处在最高山峦之间的气形成地球的真实的表面。

伏拉卡思多里伊：你们的“哲学家之王”亚里士多德也曾说过并证实过这一点。

布尔基：我们这位君王绝不是目前我们对其还一无所知的你们的君王所能相比的，他更加享有盛誉，更加知名，拥有更多的追随者。所以，随您的便，您可以喜欢你们的君王，我喜欢我的君王。

伏拉卡思多里伊：即使他准许您因饥寒交迫而死，他让您喝西北风和强迫你们赤足和赤身裸体地行走？

菲洛捷伊：得了吧，不要进行这样空泛和徒劳的谈话。

伏拉卡思多里伊：我们就是要这样做。布尔基，关于您所听到的东西，您要讲些什么？

布尔基：依我说，该咋着就咋着，随它去吧。必须看清楚处于这个巨物、你的这个星球和你的这个生物的中心的一切。因为，如果那里存在洁净的土，那么，通行的元素的秩序就是正确的。

伏拉卡思多里伊：我已叙述和论证了，要更加理智地接受那里的气或者水，而不是土；在任何情况下，那里不可能存在没有水的带有颇大杂质的土，水形成土的基础。因为我们看到，水的部分浸透到土中，比土的部分浸透到水中更有力量。由此可见，更合乎情理和甚至于更需要的是在地球内部是水，而不是在水的内部是土。

布尔基：关于沿着地球表面流淌的水，你要说些什么？

伏拉卡思多里伊：每一个人都可以看见，这是水本身有益的结果；当土由水凝聚和坚固之后，土变得那样的稠密，以至不可能再吸收更多的水分，否则，水会浸透到干燥实体的最深层，正如我们根据经验所熟悉的那样。可见，在土中间必须是水，由于水，土变得坚固，这种坚固性起初适合于水，而不是土；因为水把地球的各部分联结并坚固起来，因而在很大程度上，水决定土的密度，而不是相反，——土确定水各部分的凝聚性和密度。所以，如果你不认为，地球的中间是由土和水组成，那么，认为那里是水而不是土，倒更合乎情理和更符合理智与经验。如果那里存在着有密度的物体，那么，有更多的理由认为，在其中是水占优势，而不是土。因为水是形成土的各部分密度的原因，然而，高温分解土（我不是说在最初火中存在密度，是指密度由于自己的对立面而分解）；这就是为什么土密度和重力越大，其中的水就越多。我们应该认为，密度越大的东西，不仅有更多的水，而且实际上是水本身。这正如最重和密度最大的物体分解时所见的，像熔解的金属那样。实际上，在每一个固态的物体中，都有相互黏结的部分，水就是从最细小部分开始联结这些部分的那个元素；所以，如果土完全失掉水分，就会分化为原子。但是，没有土的水各部分更稳定，然而，没有水，土的各部分相互之间就没有任何连接。因此，如果中间位置预定用于以最快速度冲向那里的那个元素，那么，这个中间位置首先是被浸透各处的气所占满，第二是被水所占满，而第三是被土所占满。如果这个位置预定用于最重，密度最大和最稠密的元素，那么，首先，这个位置应该是充满水，第二是气，而第三是土。如果我们认为，土是和水混合在一起的，那么，中间位置首先应该是充满土，第二是水，而第三是气。这样一来，基于不同的理由，这个位置将充满各种各样的元素；但是，按照本性，任何一种元素如没有另外一种元素就不能存在，也没有土和这个伟大生物体的任何一种成分，在这个生物体中哪怕不存在所有四种元素或者至少有三种元素。

布尔基：不过，还是请快些结束吧。

伏拉卡思多里伊：我将做出如下结论：著名的通行的元素和世界物体分类法是一种梦幻，是最空洞的幻想，它没有经过自然和理智证实，这种幻想不可能并且也是不应该存在的。所以，认识到存在一个无限的领域和连续不断的空间，它可以容纳一切并渗入一切已经足够了。在这空间中存在着无数的，与我们的天体类似的天体，这些天体之中，无论一个天体，相对于另外一个天体，并不在更大程度上处在宇宙的中心，因为宇宙是无限的，所以宇宙既没有中心，也没有边缘；只有单独的世界才会拥有中心和边缘，这些单独的世界，正如我说过的，以这种状态存在于宇宙之中，正如我所证明的，特别是存在某些一定的中心，诸如，众太阳和众火球，在它们的周围环绕着所有的行星，地球，水域，就像在我们这个邻居的太阳周围环绕着这七颗行星一样。我们也证实，这些星球或这些世界中的每一个都环绕自身中心旋转，在它们自己的居住者看来，显示出一个持久和稳定的世界，围绕这个世界，一切星球就像围绕宇宙中心那样在旋转。所以，不只是一个世界，不只是一个地球，不只是一个太阳，但是，存在多少个世界，我们看见我们周围就有多少个闪光的天体，这些天体在相当程度上包含在这个天空中，并在统一的包罗万象的地点上，与我们所居住的这个世界是不一样的。但是，天空，无限的和无法计量的空气，尽管形成无限宇宙的一部分，然而它不是任何一个世界，也不是众世界的一部分，但是，它是一种胸怀、田野和储藏所，这些天体在其中运动、生活、生长、相互作用、生产、养育并帮助自己的居住者和动物，以自己确定的配置和秩序服务于最高尚的自然，在数不胜数、变化无常的客体上描绘着统一存在的外貌。所以，这些众世界之中的每一个世界都是一个中心，它所有的部分都向这个中心快速聚集并在此配置所有与它同源的元素。正如这个星球的各部分从已知的距离，从四面八方，从各自的区域，向它的成分快速聚集一样。因为源于这个伟大天体的每个部分，然后又相反地流向这个伟大天体，那么，虽然它能够分解,但它是永恒的;如果我没有错的话,虽然这种永恒性的必然性出于外在地支持它的先见之明,而不是由于它的内在自身的充分性。但是,关于这一点,我将在下一次论述,提供专门的论据。

布尔基:那么,其他世界也像这个世界一样可以居住吗?

伏拉卡思多里伊:如果不是这样,并且也不是更好,那么,无论如何不会是更少,也不是更坏。因为一个有理性的和头脑灵活的人暗自想象,要使所有这些无数世界,如同我们世界那样富丽堂皇,或者甚至比我们世界更好,但又没有类似我们世界或者甚至比我们世界更好的居住者,这是不可能的。这些世界是众太阳或者是太阳将自己绝妙的和生机勃勃的光线照射到其上的天体,那些光线使自己的载体和源泉感到幸福,并让所有周围的世界分享到自己向四外广布的美德。可见,存在着无限数量的数不胜数的和主要的宇宙成员,它们拥有与我们天体相同的那样的外貌、形象、那样的优势、力量和作用。

布尔基:这么说,您不找一找一些天体与另外一些天体之间有任何区别吗?

伏拉卡思多里伊:您已经多次听到过,那些其组成中大多是火的天体具有自身的光和热。而那些其组成中大多是水的天体本身既暗又冷,借用光源才发光。秩序、平衡、成分、和平、和谐、配合和生活都以这种差别和对立为转移。从而,众世界是由对立面组成[52],一些对立面,类似大地和水,依赖另外的对立面,也就是太阳和火而生存和滋养。我认为,那位哲人说的上帝在赋有崇高意义的对立面之间创造和谐,而另一个哲人说的一切存在是由于和谐者相互之间的争论和争论者的爱[53]，所指的就是这一点。

布尔基：您想用这样的论点将世界弄个乱七八糟。

伏拉卡思多里伊：如果有人想将翻转的世界弄个乱七八糟，你似乎觉得是坏事？

布尔基：您那样愿意认为所有这些努力、著作、辛辛苦苦地写作的论文《论物理问题》、《论天空和众世界》是徒劳无益的吗？关于这些研究，有多少伟大的评述者、解释者、释义法学家、概要和综述的编者、诠释者、翻译者、问题和定理的编者绞尽脑汁？在此基础上，有多少思想深刻的、敏锐的、能说善辩的、伟大的、不可战胜的、不容置辩的、极完美的、崇高的、天使般的和与宗教有关的学者们建立了自己的原理？[54]

伏拉卡思多里伊：请补充上用犄角和蹄子武装起来的[55]，打破后梁的和正在碎石的东西。并且，还请补充上有远见的，像帕拉斯（希腊智神）那样的，奥林波斯众神的，天堂的，神圣仙境中的，名声远扬的人。

布尔基：按照您的观点，我们应该这样将他们所有的人都扔进茅房吗？如果我们鄙视地抛弃如此伟大的和堪称哲学家的思考，当然，世界还是会管理得很好！

伏拉卡思多里伊：当然，拿掉驴子的干草和希望，想使它们的口味像我们的口味，这样是不公正的。智慧和智力有别不少于活的灵魂和胃的不同。

布尔基：您这样认为，柏拉图是无知识的人，亚里士多德是驴子，那么，他们的追随者是什么，是蠢材、傻瓜和宗教狂？

伏拉卡思多里伊：我没有说，这些是公马，而那些是驴子，这些是小猿猴，而那些是大猿猴，没有说您硬加在我身上的那些话；但是，正如我起初对您所说的，我认为他们是地球的英雄。但是，我不想毫无证据地相信他们并赞同他们的论点，这些论点的不可靠性明确和清晰地得到证明，正如您能自己所确认的，如果您不是瞎子和聋子的话。

布尔基：但是，究竟谁将是评判人？

伏拉卡思多里伊：每一个校准的经验和合乎实际的结论，每一个正派的和较少固执己见的人，他承认自己是失败者，并且不能维护对方的论据和反驳我们的论据。

布尔基：如果甚至于我不能保护他们，那么，这将是我个人缺点的结果，而不是他们学说缺陷的结果；但是，如果您用您的论据驳倒他们，那么，这将不是您的学说的真理的结果，而是由于你们诡辩的巧招。

伏拉卡思多里伊：如果我认为，我不理解现象的原因，我会克制说出自己的判断。如果我像您那样有兴致，我会根据信念，而不是根据知识，认为自己是一位学者。

布尔基：如果你有比较好的兴致，那么，你会明白，你是一头过于自信的驴子、诡辩者、教育的敌人、扼杀心灵者、新奇事物的爱好者、真理的反对者和令人怀疑的异教徒。

菲洛捷伊：直到目前为止，他很少显露出丰富的学识，现在他却显示出，他不具备谦虚的美德，并且缺少礼貌。

埃尔平：他有响亮的嗓音，比起穿着带木底鞋的修道士，他争辩时更果敢勇猛[56]。我亲爱的布尔基，我非常赞赏你对信仰的坚定性。你已经从最初就声明，如果这都是真实的，你还是不愿意相信它。

布尔基：是的，我宁愿与许多著名的学者一起成为不学无术的人，而不愿显贵，不愿与少数诡辩者一起成为学者，我认为你的这些朋友就是这类诡辩者。

伏拉卡思多里伊：如果相信你所说的那些话，大概你还不懂如何区分学者和诡辩者。那些不学无术的人不是什么著名学者，而那些知识丰富者也不是诡辩家。

布尔基：我知道，您明白我想说的话的意思。

埃尔平：如果我们能明白你所说的话的意思，对于我们而言，就已足够了，因为您自己理解您想说什么却十分困难。

布尔基：走吧，走吧，比亚里士多德更有学问的人！滚吧，比柏拉图更加受到崇拜的人，比阿威罗伊更加深刻的人，比那么多时代和那么多民族的大多数哲学家和神学家更加有理智的人，他们评述亚里士多德，钦佩他，并把他捧到天上！请你们走开吧，对你们我不了解，你们是什么样的人，你们是从那里来的，你们自命不凡，能够逆着那么多伟大学者循之前行的潮流而上！

伏拉卡思多里伊：这还是您所援引的所有理由中最好的理由，如果仅仅可以认为这是理由的话。

布尔基：当然，你或许是比亚里士多德更有学问的人，如果仅仅不是牲畜、卑微的人、一贫如洗和不幸的人、以糠菜充饥的人、因饥饿快要死去的人、一位父亲是裁缝，母亲是洗衣工的人，如果你不是鞋匠切科的孙子、莫莫的儿子、妓女的邮差、为驴钉蹄铁掌的拉扎里亚的兄弟。可是，你们不比他好多少，滚开，见鬼去吧！

埃尔平：谢谢，杰出的先生，不再麻烦您到我们这儿来，请等着，我们将到您那里去。

伏拉卡思多里伊：愿意利用同类人们合情合理的论据证实真理，这根本无所谓，用各种各样的肥皂和碱液为驴子洗头；洗它100次也不会比1次带来更多好处。使用千种肥皂，和使用一种肥皂反正一样，给驴子洗头，或者不洗头都无关紧要。

菲洛捷伊：是的，这样的驴头在洗之后，比在开始洗和洗之前，更肮脏。因为您为它使用越多的水和香料，就有越多的蒸汽从驴头上升起，我们就会感觉到从前没有感觉到的恶臭；我们所用的液体越芳香，这就越使人们感到非常讨厌。我们今天已经谈了很多；伏拉卡思多里伊，您的能力使我感到高兴，而埃尔平，您的判断成熟老练。现在，在我们谈论了无限世界的存在，数量和质量之后，如果我们明天分析一下，是否存在相反的理由和是什么样的理由，将会更好。

埃尔平：我们就这样办。

伏拉卡思多里伊：再见！

——第三篇对话终——

第四篇对话

菲洛捷伊：因此，无限的众世界不是以这样的方式——即按照不正确的意见由这个地球和仿佛环绕它的那么多天空范围所构成，其中一些天空范围包含着一个星体，而另外一些天空范围包含着无数星体，——存在着。要知道，空间是这样的：所有这些星体能够穿过它而运行，并且它们中每个星体是这样的，即该星体由于内部的原则能够自发地运动，所以每个星体总是与适当的事物有关。这些星体中每个星体是这样的，它足够的大并且能够和理应被认为是一个世界；它们中的每个星体都具有积极的存在本原和方式，这种方式保障着无数而优越的个体不断产生和生存。如果我们仅仅理解世界运动的可见性是被称之为地球的真实的每天运动（在其他类似的星体中也有类似运动）的话，那么，就没有理由强迫我们认为所有星体距离我们都同样地远，就像愚昧无知之徒所想的那样，认为这些星体被钉在并且固定在第八层天球上；谁也不会认为我们的信念——这些无数星体的状态按照半径的长度在无限的等级中相区别——而责备我们。我们当时理解，圆周和球体不是以这样的方式——即一些圆周和球体进入到另外一些圆周和球体中去，并且是较小的东西进入到较大的东西中去，就像层状物被摆放在球茎中一样——在宇宙中分布的；我们理解在以太中天体辐射出的热和冷按照各种程度在相互抑制，结果在这些相互作用中我们能够看到造成客观现实的各种形式和类型的最近切的原因。

埃尔平：劳驾，现在请你转向驳斥那些相反的理由，尤其是亚里士多德的理由，盲目的一群人认为这些理由比起那些完美的理由来更荣耀、更著名。为了不放过这些理由中的任何一个，我向您援引这个可怜的诡辩者的全部理由和意见，您就逐条审查这些理由吧。

菲洛捷伊：就这么做。

埃尔平：他在《论天空和世界》第一卷中说："应当研究一下，除这个世界之外，另外的世界是否存在？"[57]

菲洛捷伊：关于这个问题，你们知道，与我们相比，他是在另外的意义上使用世界的概念。因为在这个最广阔的以太怀抱里，我们把世界与世界、星体与星体连在一起，根据一般的认定，所有那些哲人都这样断言，他们认为存在着无数和无限世界。正是他把世界这一称呼用在被排列着的元素和幻想的圆以各种方式的结合上，直到初始的可移动的东西显现为止。这一初始的可移动的东西具有完全的圆周的形式并且在自己的高速运动中把一切都吸引到我们生活在其附近的中心的周围。所以，如果我们想按次序把所有这些幻想都研究清楚，那是一种无聊的、幼稚的消磨时间；但是，如果我们搞清楚与我们观点相对立并且不将注意力转向不与它们相反的那些结论，将是很好的和必要的。

伏拉卡思多里伊：但是对责难我们在自己的争论中运用模棱两可概念的人，我们将怎么回答他们呢？

菲洛捷伊：我们将做如下回答：第一，在这一点上，不在这一话语的原义上运用世界概念，而是设想自己臆造的物体宇宙的那个人是错的。第二，不管怎样，我们是在我们对手的意义上还是根据真理来运用世界这一概念，我们的回答都将是正确的。因为在那里他们推测有这个世界的最后的圆周的各点，我们的地球是这个世界的中心；在那里我们能够推测其他无数个地球的各点，这些地球处在这个被设想的圆周的那边。因为在那里它们确实存在，虽然与我们对手所设想的概念并不相符，这一概念，无论是什么样的，它既不使宇宙的大小和世界的数量增加什么，也不减少什么。

伏拉卡思多里伊：您说得好啊！埃尔平，请继续说下去。

埃尔平：他认为："一切物体或者在运动或者待在原地；这种运动或静止有自然状态的，抑或是强制性的。其次，一切物体按其本性趋向于那个处于静止的地方，不是由于强力的原因。一切物体按其本性在运动，也不是由于强力的原因；一切物体由于强力的原因不向那里运动，按其本性它在此处于静止状态。这样，一切按强力在上面运动的物体，按其本性正相反是在下面运动。由此引出结论，不可能有很多世界，因为如果位于这个世界之外的土强制性地向这个世界的中心运动，在这种情况下，处于这个世界中的土会自然地向那个世界的中心运动；而如果土由这个世界的中心向那个世界的中心运动将是强制的，那么，它由那个世界的中心向这个世界的中心运动将是自然的。这一现象的原因如下：如果存在许多土，那么，必须承认：一个土的力量和另一个土的力量一样，那个火的力量正好和这个火的力量一样。相反，那些世界的各个组成部分只会在名义上和这个世界各个组成部分一样，但事实上是不一样的。因此，那个世界不会和我们这个世界一样，而只是与我们世界拥有的称呼是共同的。其次所有具有同样本性和属于同一类型的物体，具有同样的运动；因为每个物体不论趋向何处都自然地在运动。因此，如果在那里存在着与我们的土类似并且属于同一类型的许多土的话，那么，它们将有和我们土一样的同样的运动，可偏偏不然，在那里存在着同一的运动并且存在着同一的要素。但是如果事情是这样的话，那么，那个世界的土将向这个世界的土运动，那个世界的火将向这个世界的火运动就具有必然性。所以，由此可见，土与向下相比同样自然地在向上运动，而火与向上相比同样自然地向下运动。但是，既然这是不可能的，所以应该认为，只存在一个地球、一个中心、一个中部、一个地平线和一个世界。”

菲洛捷伊：我们将答复这一点，我们认为，就像在宇宙这一无限空间中我们的地球在这一范围内旋转并占有自己的位置一样，其他星球也一直按照自己的领域在运动并在无限大的范围里占有自己的位置。就像这个地球由自己的成分组成，该地球在自己的领域里有着自己的变化、自己的兴衰一样（就像我们在生物中看到这一点，生物的汁液和各个部分都在不断地变化和运动一样），其他星体一直由它们自己本身的同样是被既定的成分所组成。就像这个地球，如果它按照自己的结构在运动，具有圆周运动的形式，围绕着自己本来的中心并且绕着太阳在旋转，那么所有这些剩下的宇宙物体恰恰具有类似的运动。于是，它们那些偶然地远离自己位置的某些组成部分（因为它们不是其主要部分或者是主要成分）自然按自己原先的动因反方向地返回原处，在这里就像干土和水的组成部分，它们在太阳和地球的作用下，以被分解出蒸汽的形式向这个物体的表层部分移去一样，它们刚一获得自己原有的形式，就向相反的方向返回了。这样，那些物体的各个部分与我们的物体相比，在不很大的程度上离开了一定领域的界限；如果我们研究一下不属于我们球体的彗星的物质，这就很明显的了。这样，一个动物体的各个部分——我指的是主要的和间接的部分——尽管这些部分只会与另外动物体的那一种类有关，但是因为它们属于不同的个体，所以任何时候它们都不会意识到有相互交换位置的倾向。是的，比如，我的手从来不会适合你的肩，而你的头也从来不会适合我的躯干。根据这一理由，我们能够说，在所有的星体之间，所有的世界之间存在着类似物，并且我们的地球与其他星体有着这样的相互关系。无论在何种情况下都不能得出这种结论，即在那里存在这个世界，其他世界也应该存在并且它们应该被安置在那个地方；但是可以很好地假定，就像这个地球存在在自己的位置上一样，所有其他世界也一直存在在自己的位置上；就像这个地球不必向其他世界的位置运动一样，其他世界也不必一个劲儿地向这一地球的位置运动；就像这一地球按自己的实体和其他世界另外的个体特性相区别一样，其他世界也一直区别于这个地球。同样地正是这个火的各个部分是为这个火而运动的，就像那个火的各个部分是为那个火而运动一样，而这一地球的各个部分是为这一整个地球而运动的，就像那个地球的各个部分是为那一整个地球而运动的一样。同样地，处于月球上的土和水的各部分若违背自己的本性强制性地向我们地球运动，正如相反的情况，我们地球的各部分会向着月球运动。在那里，那个地球自然按照自己的道路在运动并留在自己的领域里；在这里，我们的地球自然留在自己的领域里；那个地球的各个部分与那个地球有关，就像我们地球的各个部分与我们地球有关一样；水和火的各个部分的情况同样如此。“下面”，这个地球的下面位置不是位于地球之外的空间领域的任何一点（就像这是常有的处于自己原来的球体之外的各个部分一样，如果这是经常发生的话），而是处于自己本身的物质的中心，或者是圆周与重力的中心。这样，这个地球的“下面”不是在其之外的某个地方，但是，它是这个地球本身的中间部分，是其本身的中心。对这个地球来说，“上面”是指处于其圆周之上和这个圆周的界限之外的一切。所以那个地球的各个部分同样有力地远离在它的圆周的界限之外并且自然地趋向于它的中心，就像这个地球的各个部分有力地远离其圆周并且自然地趋向于自己原来的中心一样。于是，应当如何来理解这个地球与其他地球之间真实的类似性。

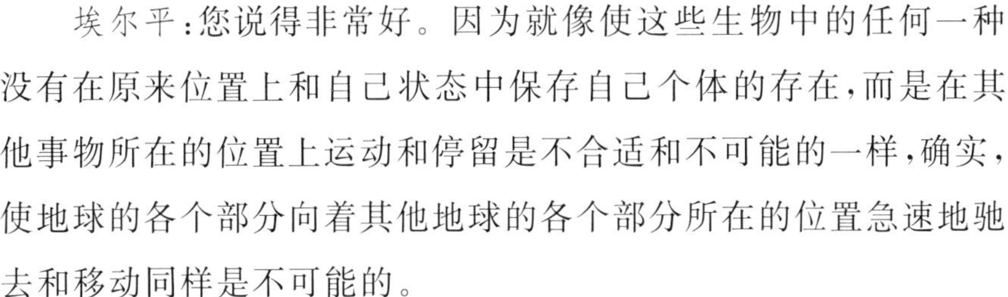

埃尔平：您说得非常好。因为就像使这些生物中的任何一种没有在原来位置上和自己状态中保存自己个体的存在，而是在其他事物所在的位置上运动和停留是不合适和不可能的一样，确实，使地球的各个部分向着其他地球的各个部分所在的位置急速地驰去和移动同样是不可能的。

菲洛捷伊：当然，这仅仅是对成为真实部分的那些部分来说的；因为至于说到由此组成初始统一体的最先的不可分割的物体，那么应当认为，这些物体经历着在无限空间中的变化，由于这些变化，它们从一个地方发源又流向另一个地方。如果由于宗教的神明它们在实际上不形成新的物体并且不瓦解旧的物体，那么，它们仍然具有这种能力。因为在实际上宇宙物体能够分解[58]；但是，由于内部的力量或者由于外部的状况它们能够永久地保持原样。因为原子在这样的数量中流向它们，就像它们从中流出的一样；这样，它们就经常留在同样的数量中，就像我们保持自己的身体的形式一样，虽然我们在吸收和消化各种物质的时候，每瞬每时每日都在重新开始我们身体的各个部分。

埃尔平：关于这一点，我们将在下一次去谈。但是，现在我完全明白，就像任何一个其他的地球会强制性地向这个地球移动以到达自己的位置一样，正是这样，我们的地球只能强制性地向那些地球中的一个移动。正是这样，可以从另一个地球表面的每个部分向上朝我们的地球运动，因为我们的地球处于那个地球的圆周上，就像那个地球处于我们地球的圆周上一样。我承认，尽管那些地球具有我们地球所具有的那个本质，但是，由此绝不能得出结论，认为它们实际上属于同一个中心；因为那个地球的中心不是我们地球的中心，那个地球的圆周不是我们地球的圆周，就像我的心灵不是您的心灵，我的身体各个部分的重量不是您的身体各个部分的重量一样，虽然所有这些物体、重量和心灵有着同样的称呼并且属于同样的种类。

菲洛捷伊：很好，但是如果那个地球的各个组成部分接近这个地球，那么可能的情况是它们会收到对于这个地球的脉冲；如果它们接近那个地球，同样的事情会发生在这个地球的各个部分上。但是，通常，我们不研究动物中和各种个体中属于同一种类的相似的现象，除了这些部分中的一个以另一个为营养源并且靠牺牲另一个来扩大自己以及一个部分变为另一个部分的情况以外。

埃尔平：这一点讲得好。但是如果那一整个星球如此近地接近我们地球，那些具有向它的构成成分返回倾向的部分开始离开这个星球远去的话，你会说些什么呢？

菲洛捷伊：正如人们所说的，如果我们同意地球有重要意义的部分远离它的那个圆周界限而去，清洁和透明的空气就在这圆周的周围这一观点，那么，我乐于承认，它们能够自然地返回自己的位置；但是它们不能整个地进入任何一个星球，确实就像另一星球的各个部分不能以自然的方式降落，而只有强制性地上升一样；恰好同样地，我们地球的各个部分也不能以自然的方式向那个地球降落，而只能强制性地从我们地球上升。因为对所有宇宙物体来说，在它们的圆周之外的存在是“向上”，而它们的内部的中心是“向下”，于是中心——即它们的各个部分以自然的方式急于要去的地方，——概念定义为不是外部的点，而是内部的点。那些设想宇宙有某一界限的人不理解这一点，在不正确地确定宇宙的时候，它们认为，宇宙和我们地球的中心是相同的。我们时代著名的数学家们证明了一个对立的现象：他们发现地球的中心距离人们设想的宇宙的圆周不一样远。另外一些更聪明的科学家，不仅因为自己科学的理性论据，而且由于众所周知的自然的理由，所以，它们在承认地球的运动以后发现，就像太阳至少离开我们用肉眼所看到的世界和宇宙的中心一样，地球同样离开中心。这种观点更加明智，难免有些小困难并且形成一种在很大程度上与围绕中心而游移不定的物体有规律运动的动因相符合的理论[59]。这样，从他们自己的原则出发，可以很容易地渐渐地发现关于我们地球的重力、关于这个位置与其他位置的区别、关于我们在比如被称之为

行星的界限以外所看到的同样的遥远性以及关于一切宇宙物体围绕一点极其快速地运动，但这一点并不对所有这些物体做旋转等论点的不正确性；在任何情况下，人们从庸俗哲学的前提所引出的很大困难，对其追随者来说，想必就是这一世界观成为一个令人怀疑的东西。我重复一遍，无论是整体还是整体的部分在返回我们出发的位置时都不是向另一整体的中心运动，哪怕一个星球接近另一个星球是如此之近，以致表面或者它们圆周上的点都会互相接触。

埃尔平：因为当它们的间距处于正确的分配之下，一种物体活着并以另一种物体为养料的时候，如果这种事情——一种物体会破坏另一种物体，寒冷和潮湿的东西会被温暖和干燥的东西所取代——发生的话，不安的自然界关注起了有关对立面的现象。除此之外，一种类似物体会妨碍其他类似物体从其得到不同事物所给予的并从不同事物那里获得一种相应的有益的作用；我们不止一次地说过，在我们地球和太阳之间，有个被称之为月球的另一地球，其中间位置有不少危险在威胁着我们。但是，如果在更长的时间内月亮离地球更近些并且能够使我们失去热能、失去生命攸关的光亮，又会怎么样呢？

菲洛捷伊：您说得很好。请您继续谈谈关于亚里士多德的情况。

埃尔平：亚里士多德进一步援引对手臆造的反对意见，其内容是，遥远的物体不能彼此相互运动，因为既然它们彼此离得很远，所以它们具有另外的本性。亚里士多德反对这一点，他认为一定程度上的距离不能改变物体的本性。

菲洛捷伊：如果好好地理解，这一观点是完全正确的。但是，我们用另外的方式来回答并且引出另外的看法，即为什么一个星体不能向另一个星体运动，虽然这一星体离另一星体是近或者是远。

埃尔平：我明白这一点。但是，我以为，看来古代人断言，他们说由于距离的增加，物体成为较少活动的东西这一观点还是正确的。（他们在自己的语言中通常把这个东西称之为属性或者是物体的本性）因为各个部分必须克服空气的巨大阻力，所以就更少有能力来克服它们周围的环境并降落下去。

菲洛捷伊：当然，考察出来的情形证实这是关于我们地球的各个部分，因为这些部分在离开一定的空间以后，竭力往回趋向自己的构成成分；它们越是向自己的成分接近，它们就越以更大的速度在运动。但是我们现在说的是另外地球的部分。

埃尔平：但是，既然这些地球和它们的各个部分彼此相似，如果它们变得更近些，会发生什么情况呢？它们具有同样力量的外在的部分不被这个和另外的地球所吸引并且它们由此不开始上升或者下降吗？

菲洛捷伊：从不正确的前提引出不正确的结果。但是，暂且不说这一点，我断言，离各种各样地球处于同一距离中的各个部分或者处于平静之中，或者会靠近一个位置，对于那个位置可以说它们在下降，当对于另外一个位置来说的时候，它们则在上升。

埃尔平：但是，如果从种类看，它们是一样的，那么，一个基本物体的部分将以什么方式向另外一个基本物体的部分运动呢？要知道，我们看到的是，一个人的各个部分与肢体不能附加和粘贴在另一个人的各个部分上面。

菲洛捷伊:在基本和初始的意义上这是正确的,但是在派生和第二性的意义上则常常是矛盾的。因为我们本身曾看到过,一个人的肌肉被安在另一个人的鼻子上。我相信,可以很容易地使一个人的耳朵安在另一个人的耳朵上。

埃尔平:大概这种类型的外科手术被创造出来了,但不是经常的。

菲洛捷伊:那当然。

埃尔平:我回到我们研究的对象上来吧。如果石头被悬挂在天空中相距两个地面的点是同等距离的话,那么,石头会怎么样呢?它会待在原处还是会更快地下决心向两个物体中其中一个运动呢?

菲洛捷伊:我认为,如果石头距两个物体处于相等距离,这两个物体就会与石头有着同样的关系,它们对石头持有同样的倾向,那么,结论仍将是令人怀疑的;两种力量的平衡将是石头留在原处并且与另一个事物相比,它不能决定向其中一个更快运动以及不会感受对其中一个有更大企求的原因。但是,如果一个物体与这块石头有着更相近的本性并且更适应石头的自我保全的企求,那么,石头会决定以最短的路程落向这个物体。因为不是本身的范围和成分,而是对自然保全的企求才是石头所以运动的基本理由。这样,我们看到,火焰在大地上蔓延,向下转到并悄悄地靠近相邻的地方,在那里火焰能够得到补给,但是随后它向上升起,向着太阳升去,如果火焰不把整个道路烧热的话,它是不能够升向太阳的。

埃尔平:关于亚里士多德补充所说的各个部分和相似物体,好像它们彼此相距无论多远,它们总还是竭力趋向于自己整体的并与之相似的东西,对于这一补充你会说些什么呢?

菲洛捷伊:谁不看到,这与一切理智和经验是相矛盾的呢?从我们不久前所说的话来看,这是很清楚的。当然,处于自己本身球体范围以外的各个部分向与其相似的物体运动,哪怕它们并不与这些相似的物体处于初始的基本联系中;它们也向另外的按外表与它们不同的物体运动,只是它们有助于这些物体的保护和为这些物体提供营养。因为内部的基本的动机不是从这一物体所具有的对于一定位置、一定的点和自己范围的关系中产生的,但是从自然动机中寻找这一位置,在那里这一事物能够更好地、更轻松地保护自己并且保护自己真正的存在。因为一切自然的事物都企求达到这样一个位置,无论这种企求会是怎样的不高尚。这样,我们看到,那些不具有真正的哲学之光的人们特别渴望生而害怕死,除了当下的存在以外,他们不知道还有别的存在,并且认为要是另一种生活与他们有关,这另一种生活不会追随这种生活。因为他们不理解,生命的原则不在于作为物体成分的结果的偶然性[60]之中,但是它是一个不能分开和不可分解的实体,这一实体(如果它不遭受破坏的话)无论力求对自身保护,还是对灭亡的恐惧都是不适当的。这种企求只有作为这种事物,即因为它们的成分是以一定的对称、结构和偶然性为条件组成的事物才应该有的。因为无论是人们认为统一的精神实体,还是人们认为被统一的物质实体,都不能经受任何变化或者苦难,因此,它们力求自我保护。所以任何一种运动都不适合于这种实体,运动只适合于复杂的实体。如果理

解重力或轻力与世界或者它们的部分无关的话，您将同意这一点。因为这些区分不是自然的，而仅仅是派生的和相对的。其次，从我们以上所述，——即宇宙没有界限和边缘，是不可计量和无限的，可以得出结论：基本物体对于无论何种中心或者边缘都不能直线地运动，因为它们对处在它们圆周范围以外的一切边缘都处于同样的相互联系中。所以只有它们自身的各个部分具有直线的运动，但不是对于任何另外事物的中间部分或者中心来说的，而是对于它们自身的内容、成分和完善来说的。关于这一点，我将在适当的时间和地点来讲。还是回到我们争论的论点上来吧，我肯定地说：亚里士多德从他自身的立论出发，不能证明任何物体——不论它被抛出多远——都具有向自己的构成成分或者与其相类似的物质复归的倾向。于是，他想，彗星是由有形的物质组成的，这一物质在汽化的形态中向上升起[61]，并且达到火可以点燃的范围。在那里，这一物质的各个部分失去自己的能力落向地球，并将由第一被推动者的力量所托起而围绕地球运动，虽然它们并不是从第五本质中产生的，但是它们是一种极重的、密度大而沉厚的地球物体。很显然，由于许多彗星是在经过很长的时间间隔以后才出现并且显示出对剧烈而强大的火的炽热做长时间的抵抗，结果，它们常常燃烧一个月以上。例如，我们时代在 45 天期间可以见到彗星[62]。但是，如果距离不会消除重力的力量，那么，由于何种原因这样的物体不仅不向下坠落和不停留在原处，而且它甚至还围绕地球而旋转呢？如果他以为，这一物体不是它自己在本身中旋转，而是因为它是由第一被推动者所托起，那么，我将对此，即在这种情况下他的那些天空和星体（他赞同它们不重不轻并不是由某种

相类似物质组成)中的每一个也被第一被推动者托起提出不同意见。正是许多彗星,看来都具有自己的运动,这一运动既不与地球的每日运动相适应,也不与其他星体的运动相适应,对此我已经不去说它了。

为了推翻亚里士多德的学说,从他本人的原则出发,这些理由是最好的了。我们现在将不讲关于彗星的真正的本质;关于这一点我们将在另外场合去讲,在那里,我们将证明,这样的突然发光不是在火的环境中进行的,因为在这种情况下彗星必须要从各个方面突然爆发,因为它们整个圆周和自身物质的全部表面都会处在突然爆发了的空气中,正像一些人所说,或是处于火的球面中。但是,我们看到,它们只是从一个方面突然燃起。由此我们可以推论,所谓彗星是星体的一个类型,这正如古人所确信和理解的那样[63]。彗星是这样的星体,由于自己固有的运动,它接近我们并又远离我们,于是当它接近的时候,我们看来,它在增长并好像突然爆发,而当它远离的时候,我们看来,它变了并好像光亮渐暗。这样的彗星不是围绕地球运动,但是它具有自己固有的运动,这种运动不具有对于地球的每日运动的联系,由于地球的转动所有这些位于地球圆周界限之外的天体在东方是在上升,而在西方则在下落。为了使地上面的并且如此巨大的物体能够被稀薄的空气和奥妙的以太托起而且坚持得住,而空气和以太不显示任何抗拒力是不可能的,这将与彗星的本性相矛盾,此外,彗星的运动,如果这种运动仅仅依赖于托起彗星的第一被推动者,它就不像行星的运动;而当时彗星的运动在这个阶段上类似于行星的运动,人们认为它们时而是具有水星本质的东西,时而是具有月亮或者是土星抑或

是其他行星的本质的东西。但是这一点我们将在适当的场合更详细地讲到。然而，我们说的足以推翻亚里士多德如下的论据。他断言，从任何一个物体的较大或较小的距离不能推论出它比较大或较小的运动能力，他把这种运动称之为物体自己的或是自然的运动。但是这是不符合真理的；不能确定是物体自身的或是自然的运动构成这种能力，这种能力与这一运动是不相符合的。所以，如果任何一种物体的部分处在离这个物体一定距离的界限之外，这些部分任何时候都不对该物体做反向运动，那么，就不能确定，对这些部分来说会有这样的自然运动。

埃尔平：谁专心思考这一点，谁就会看到亚里士多德的全部原则都与自然的真正的原则相矛盾。在这以后，他得出如下不同的意见："如果简单物体的运动对该物来说是自然的，那么所有处于各个不同世界和属于同样类型的简单物体将向同一个中心或者同一个边缘运动。"

菲洛捷伊：所以无论任何时候他都没有证明这一点，即好像它们全部应当向同一个特殊的和个别的地方运动。因为从物体属于同一类型这一点，仅仅可以得出一个结论，即这些物体力求达到同一类型的位置以及中心，这一中心是它们特殊的中心；但是不能也不应当由此得出结论：它们按数量正趋向于同一的位置。

埃尔平：他像是自己预感到了这种回答的可能性，并且因此全力企求证明——虽然是徒劳的——数量上的区别不可能是位置区别的原因。

菲洛捷伊：总之，我们观察到对立的东西。但是，你认为，他是以什么方式证明这一点的呢？

埃尔平:他认为,如果物体数量上的区别是位置区分的原因,那么,在数量和重量上各不相同的这个地球各部分的每一部分都应当在同一个世界里趋向于自己本身的中心。但这是不可能的并且不符合自然界的秩序,因为在这种情况下地球会具有的中心与它存在的个体和它的组成部分一样多。

菲洛捷伊:但是,请注意,这是主张一种毫无价值的证明!请注意,它们能够哪怕只是把您从对立的立场上移开一点点!或者相反,他们只会使您更加坚持原来的立场!谁在这方面——即对于一切物质,对于一切物体及其各个部分都与之有关的有机体来说不能接受一个中心,由于这个有机物体的各个部分进行化合,这一有机体就成了它们的基础;肯定无数中心的可能性,根据各个部分的无数的集合,在这些部分的每一部分中,我们可以找到、得到或推测自己的中心——存有怀疑呢?这样,在人身上我们有一个共同的中心,这个中心被称作心脏,此外,根据很多部分,我们有很多另外的中心,其中核心部分都有自己的中心;肺——有自己的中心,肝——有自己的中心,组成各种器官和占有不同的和一定位置的头、手、腿、每根骨头、每条静脉、每种器官和每个小小的部分都有自己的中心,无论在整个有机体的内部,还是对于它的个别肢体都是如此。

埃尔平:请注意,可以用这样的方式来理解亚里士多德,亚里士多德不愿简单地断言,好像每个部分都有自己的中心,但是每个部分都有一个该组成部分向之运动的中心。

菲洛捷伊:归根结底,这归结为同一个东西,因为并不要求动物的各个部分趋向于同一个中心——这是不可能和没有道理的，——但是只是要这些部分借助各个部分和整个身体的统一与中心相互关联。因为被区分的各个部分的生命和关系不在别的方面，而是在其适当的联结中，并且各个部分总是与同一个界限有关，可以把这一界限称之为它们的中部或中心。由于整个身体的缘故，各个部分与一个中心有关；由于个别肢体的组织的缘故，它的各个小的部分与自己局部的中心有关；这样，例如，在这种程度上的肝脏是由它自己的各部分结合而构成，就像肺、大脑、耳朵、眼睛和其他器官由自己的各部分构成一样。如果你愿意的话，根据许多部分和各部分的许多小部分的原因，于是存在许多中心，这不仅不是不合情理的，而且完全符合自然。因为这些各部分中的每个部分其存在和组成有赖于其他部分的存在和组成。但是，真的，不值得这样长时间地来研究这个哲学家随便援引的这种空洞的胡说。

埃尔平：鉴于他得到的这种名声，必须研究他。诚然，与其说由于人们理解他，不如说人们并不理解他。但是，请研究一下，这个满足于自己毫无价值的论据的人是怎样一个出色的人！请看，他以何等胜利的姿态用下列的话来做结语："就是说，如果对方不能反驳这些讲话和结论，那么，由此必然得出结论，只有一个中心和一个地平线"。

菲洛捷伊：说得太好了，请您继续说下去。

埃尔平：在这以后，他证明了，简单的运动是有限的和一定的，因为他的论点即只有一个世界和简单的运动具有自己特殊的位置就建立在这一点上。他说："一切运动着的东西，从一个一定的界限向着另外的一定界限运动，并且在任何变化都从那里开始的界限与这一变化也在那里终结的界限之间总是存在着类的区别，因为一切变化是有限的：疾病和健康，小和大，往那里和往这里就是这样的。因为一个身体正在痊愈的人企求的不是想到哪里去，而是健康。因而土和火不能运动到无限，但它们只是向一定的界限运动，该界限与它们所离开的那些地方是有区别的；因为向上运动不是向下运动，而这两个方位将构成运动的范围。所以直线运动是有限的，并且圆周运动同样是有限的；因为圆周运动从一定的界限运动到一定的界限，从相反的状态运动到相反的状态，如果我们要研究包含在圆周直径中的运动的区别的话；因为在整个圆周运动中没有矛盾（既然这一运动在这一点上结束，也就在该点上开始），但是，矛盾包含在运动的各个部分中，因为圆周运动的完成是从直径的一端走向与之相反的另一端。”

菲洛捷伊：根据这一原理，没有任何人会提出异议或者怀疑运动是一定的和有限的；但是，认为运动是简单的、一定的，就像向上或向下运动，像我们对此已几次讲过和证明过的一样，是不准确的。因为一切事物都是无区别地向那里或者向这里，向自我保全的地方运动。当把亚里士多德的原则和其他类似的原则作为基础时，我们认为：如果地球下面有另外的物体，那么，地球的各个部分就会被强制地留在那里，而然后按照自己的本性，地球的组成部分也会从那里向上耸起。于是亚里士多德不否认，如果火的一些部分处于它自身星球的上方，比如在那里，根据他的假定，有天空或者有水星的穹顶，那么，根据自己的本性，这些火的组成部分就会下落。所以，在您确信一切物体无论它们存在何处，无论它们往何处运动，它们都依据一种可能性，竭力趋向于它自己自我保全的地方，并且留在那里之后，您就会看到，上与下，重与轻在何种程度上是自然地确定的。但是虽然一切物体向着自己的中心并从自己的界限向着自己的界限在运动以及一切直线的或者圆周的运动被规定为从对立的方面走向对立的方面是正确的，由此还不能得出结论：宇宙按其自己尺寸大小是有限的或者说世界是一个。宇宙的无限性没有被一切局部行为的简单运动所破坏，由于每个局部行为，这个组成部分所含有的这种特征（我们将要提到它）使宇宙统一和活跃起来，并且能够无限地从一个物体转到另一个物体。因此，完全可能的是，一切运动是有限的（说的是真实的运动，但不是绝对的和简单意义上的运动，说的是一切局部的和整体上的运动），但是有无限多数的世界，并且这些无数世界中的每一个是有限的，也就是具有有限的领域，它们中的每一个无论是对于自己的运动来说，还是对于自己各个部分的运动来说都具有一定的界限。

埃尔平：您说得很好。您的论断对我们来说不产生任何困难，可是无论在何种意义上对亚里士多德来说都是不利的。这一点他自己也证明了，他说："运动不能是无限的，这从土和火越靠近自己的范围它们就运动得越快可以看出。因此，如果运动是无限的，那么速度、轻力和重力就都成为无限的了。"

菲洛捷伊：这太出乎意外了！

伏拉卡思多里伊：是的，但是我觉得这是变戏法者的界限，因为原子有着无限的运动，它们在不同的时间连续不断地处于不同的位置，流向一个地方并从另一个地方流出来，与这种或者另外的成分相汇合，在无限大的宇宙空间中形成各种形状，于是，就这样实现无限的局部的运动，穿越无限的空间并且经过无限的变化。

但是，从这一点得不出如下结论：原子获得无限的重力、轻力或者速度。

菲洛捷伊：我们将不论及初始部分和元素的运动，而是要研究只属于存在的一定形态，即属于物质的那些部分，比如，作为地球土壤的各部分的运动。关于那些部分可以实际地认为，在它们存在的那些世界里，在它们旋转的那些范围里，以及在它们拥有的那种形式中，它们从一定的界限向着一定的界限运动。但是，根据这一必然性得出一个结论：宇宙是有限的，而世界只有一个。借助这种必然性可得出类似如下内容的判断：因此，猿猴生而无尾，猫头鹰夜里看东西不用眼镜，蝙蝠纺出毛线。然后，当我们论及这些部分的时候，则不可做出这种结论：宇宙是无限的，并且存在着无限多个地球，因此，地球的一部分可以无限地运动并且必定对无限遥远的地球有着无限的冲量和具有无限的重力。这种结论不可做出的原因有二：第一个原因，因为宇宙是由对立的事物和原则构成的，那么，不可能有这样的超越——这样的部分不会穿过太空的领域跑得很远，因为这一领域将很快被对立面所取代，并且失去进一步运动的能力。这种实体将不再是地球，因为地球会被对立面所取代，这种实体将改变自己的成分和面貌。第二个原因，一般地说，我们看到，在无限距离的情况下物体对于重力或轻力来说，不可能是刺激因素。正如人们所说的，如果它们不处于属于它们的自己成分范围的内部领域，则各个部分就不能得到这样的动因；如果它们原来就在这一领域之外，那么，它们将不再运动，像那处于自己特殊成分的界限之外的稀液（这些稀液在动物机体里从外在部分向内在部分，从上部向下部运动着，同时，它们从一个部分向

另一个部分上升着、下降着和移动着)一样,失去自己的力量和自然的动因,无论它们多么想要接近该成分。这种关系只有在那个空间的界限内才有力量,这一空间用从这一局部领域的中心到它的圆周所划定的半径来量度;这一领域的圆周附近其物体的重力将是最小的,而在中心附近其重力将是最大的;在中心与圆周之间的间隔中,重力是大一些还是小一些取决于到中心或者圆周的距离远近的不同程度。我将用以下方式来说明这一点:让 A 表示这个领域的中心,在那里,按照通常的词的用法,石头将既不是重的,也不是轻的;让 B 表示这个领域的圆周,在那里,石头恰恰同样既不重,又不轻,而是处于静止状态(由此我们看到最大限度和最小限度的统一,正如《论原因、本原与太一》一书的末尾对此已做过证明一样)[64]。1,2,3,4,5,6,7,8,9 表示各种中间的领域:

B　9 不重,不轻
8 最小重量的,最轻的
7 不很重的,不很轻的
6 不太重的,较轻的
5 重的,轻的
4 较重的,不太轻的
3 相当重的,相当轻的
2 最重的,最不轻的
A　1 不重,不轻

由此您看到,为了使一个地球必然地向另外一个地球运动,还有相当多的不足之处——甚至位于自己圆周界限以外的地球的那些部分,并不具有这样的冲量。

埃尔平:因此,您认为这个圆周是一定的吗?

菲洛捷伊:是的,既然问题在于最大重力可能存在于最大部分中,或者,如果你乐意的话(因为整个球体不重也不轻),就在整个地球中。但是,至于重力和轻力中间间隔的差别,那么,我要说,它们既然能够有那么多各种不同的阶段,同样地也就有处于最重和最轻之间的各种不同部分的各种重量。

埃尔平:这意味着,应当在特殊的意义上接受这个等级差别了?

菲洛捷伊:每个具有理智的人自己都能明白,应当在怎样的意义上接受它。一般说来,亚里士多德所援引的论据已足够了。现在我们看到,除了以上已被研究清楚的论据以外,他还将援引任何其他论据吗?

埃尔平:请允许明天讨论这个问题,因为阿尔贝京在等我,他想明天到这儿来见您。我想,他会援引一切最大胆的论据来支持对立的意见,因为他极其认真地研究了最常见的哲学。

菲洛捷伊:随您的便。

——第四篇对话终——

第五篇对话

阿尔贝京[65](新加入的谈话者)

阿尔贝京:我想知道,是怎样的幽灵,怎样的前所未闻的巨怪,怎样的不正常的人,怎样的特殊的智慧重新给世界奉献了这些发现,或者也许,为了革新,他带来了已经过时的旧事物,这些旧事物被切断了的根应当在当代给予新的幼芽?

埃尔平:是的,这是被切断了的又重新生长的根,这是又重新恢复的旧事物,这是重新被揭示的潜在的真理,这是长夜过后重新在我们认识的地平线上升起并且渐渐地向着我们理性的经线靠近的新的光芒。

阿尔贝京:假如我不认识埃尔平,那么,我就知道该怎么回答他。

埃尔平:您说了您想说的一切。如果您像我一样具有这样的能力,那么,您应该像我一样赞同他。但是如果您的能力比我们更好,那么,我相信您会比我更快、更乐意地赞同他。至于普通科学和庸俗哲学对他们来说都很困难的人,他们还是一些学生,而且是不大懂得搞清楚哲学的学生。(虽然他们通常不认为自己是这样的人),那么,把他们吸引到我们方面来是困难的,因为他们处于普遍的信仰和备受赞誉的作者的影响之下，这些作者的著作落入他们手中。这些作者的诠释者和评论者的名声也被他们看得很高。相反，对其他那些人来说，所谓哲学是清楚的，他们已经达到这种程度，可以不必再为弄懂别人说了什么而去消耗自己的余生。他们具有自己的理性，拥有一种积极的眼光[66]，去洞察所有神秘的角落，他们经过一千道大门，研究由阿尔戈斯*环视一切的目光所透视的这种哲学。这些人认真地接近目标以后，就能把信仰对象和因仅从远处看去并且根据习惯势力和通行见解，而认为是真实的东西区别开来；就能把什么是真实的东西，什么是由于符合事物真实本质而被认为是可靠的东西之间区别开来。我想，这种哲学未必能被不具备天赋智力，至少在各门学科里没受过哪怕是一般教育的那些人所赞同。因此，他们就不可能运用这种理性的反省，以便能够搞清楚以信仰为基础的东西和建立在明显的真实原则基础上的东西之间的区别。因为某些目标常常基于这样的原则，如果对其进行深入的研究，就会得出匪夷所思的并且与自然相矛盾的结论。

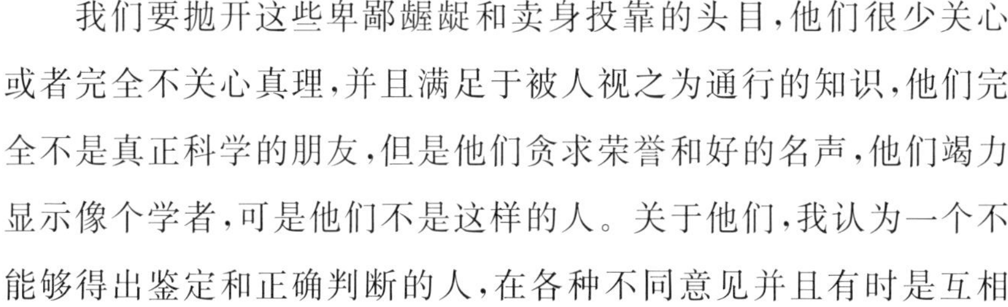

我们要抛开这些卑鄙龌龊和卖身投靠的头目，他们很少关心或者完全不关心真理，并且满足于被人视之为通行的知识，他们完全不是真正科学的朋友，但是他们贪求荣誉和好的名声，他们竭力显示像个学者，可是他们不是这样的人。关于他们，我认为一个不能够得出鉴定和正确判断的人，在各种不同意见并且有时是互相

* 阿尔戈斯，希腊神话中的百眼巨人，奉天后赫拉之命看守宙斯的情人伊奥。转意为“警惕的守卫者”。——译者

矛盾的论点中将不会很好地做出自己的选择。一个不能够相互比较这个与那个、一个与另一个事物的人，其具有任何一种判断是很困难的。而完成不同事物之间的比较这将要那种不能够判明一个事物与另一个事物之间存在的区别的人付出巨大的劳动。但是，当每个事物的存在和本质被隐藏时，理解和判断其区别是相当困难的。当构成它们基础的原因和本原没被揭开时，该存在和本质就不能够被显露。只有当您用智慧的眼睛来研究并且用正确的思维来评价各种不同和对立的哲学引以为据的那些原理、原则和原因时，您将看到，它们中的每个哲学的自然本性、本质和特点是怎样的。只有用智慧的天平称量它们之后，您就能够确定一种哲学与另一种哲学之间的区别是怎样的。就能够比较那种哲学或者别的一种哲学在何种程度上是正确的，于是毫不动摇地做出选择并且追随正确的哲学。

阿尔贝京：与荒谬和愚昧的观点做斗争——这是空虚和愚蠢的人的事情，哲学家之王亚里士多德曾这样说。

埃尔平：说得好。但是，如果您认真地研究一下，就会看到，这种意见和建议也能够运用到他自己的观点上去，这些观点原来就是愚昧的和空泛的。正如我说过的那样，谁想正确地进行推论，就应当善于从对一切信以为真的习惯中解放出来，应当认为对立的意见同样都是可能的，并且应戒除无论是他从生下来那天起就接受的偏见，还是由于相互交往他所感受到的抑或借助于哲学正在恢复的那些东西—— 一句话，这些东西对民众和学者来说应当消失，那些学者被任何时代的多数人认为是贤者。因此，我想说，对于被自己时代大多数人民所崇敬的两个时代的学者的争论来说，为了引出正确的结论，应该记住亚里士多德本人说过的话，即：如果我们不是全面地分析问题，那么，常常可能发生我们轻率地做出判断的情形；而从另一个方面来看，习惯的力量可能在我们的认识中使成见根深蒂固。这种成见会导致我们把承认不可能看作是必然的，可是，相反，我们将认为，无条件的真实和必然则是不可能的。于是，如果关于十分明显的事物能发生的话，那么我们是应当谈论它们本身就存在疑问这样的问题，还是要看在它们基础之上的原理正确和稳定的程度来定呢？

阿尔贝京：根据阿韦尔罗赛[67]和许多其他评论者的意见，人们不能知道亚里士多德所不知道的任何东西。

埃尔平：看来，阿韦尔罗塞和他的拥护者们有着如此的弱智，并处于如此深深的愚昧之中，他们觉得亚里士多德是最崇高和最泰然的思想家。所以，如果这个哲学家和其他曾做出类似论点的人，想要把话说得最准确的话，那么，他们应该说在他们眼中亚里士多德就是上帝。但是，这样做本身与其说他们推崇亚里士多德，不如说他们表明了自己个人的渺小。因为他们的意见比起雌性猿猴的意见——她觉得其孩子是世间最讨人喜欢的生灵，其丈夫是世界上最美的雄猿——并不具有更大的价值。

阿尔贝京："他们孕育群山而饱受痛苦……"[68]

埃尔平：您将看到，生出的不是老鼠。

阿尔贝京：许多人把自己的箭投向亚里士多德并且建起防线来反对他；但是他们的防线破灭了，他们的箭迟钝了，他们的弓折断了。

埃尔平：可能是这样的。在那里，一个微不足道的人正在与其

他一些人进行斗争。——他们中的这个人可以比所有的人更有力量。但是由于这一点这个微不足道的人不再是微不足道的了,可是,归根结底他应该被真理所揭露和战胜。

阿尔贝京:我坚信,推翻亚里士多德的结论是不可能的。

埃尔平:这是很匆忙的结论。

阿尔贝京:只是在极其认真地研究了亚里士多德的学说和足够深入到他之中去以后我才声明这一点。我不仅没有发现任何一个错误,而且恰恰相反,我为他的学说充满神妙的智慧而信服。我相信,就像对我一样,这一学说对所有的人都应当引起这样的印象。

埃尔平:因此,您根据与您的胃和大脑相似这一点来判断其他人的胃和大脑,那么,对您来说不可能的事,您认为对其他人来说也是不可能的。在世界上有一些不幸的人们,他们不顾他们失去一切好的东西,除此之外,受命运的驱使,还有埃里尼斯*和凶恶的泼妇们作为永久的同路人伴随着他们。埃里尼斯和泼妇们迫使他们自愿地把阴森森的正在使人遭受妒忌痛苦的女人披肩盖在自己眼上,为的是他们看不见自己个人的裸体、贫穷和平凡,并且发现不了别人的美丽、财富和幸福;他们认为与其承认新学说的正确性和在自己先前的无知中认错,不如自尊地枯萎在污浊和傲慢的贫困中并做一个当作固执无知的垃圾而被忘却的人。

阿尔贝京:这样一来,您想要的,可以说,就是让我成为这个人的学生?我是个博士,被许多科学院所承认,作为教授在世界一流

* 埃里尼斯,希腊神话中的复仇三女神,又称欧墨尼德斯。——译者

的学院里公开讲课，您要我现在就根本抛弃亚里士多德并且开始向这种人学习哲学！

埃尔平：至于我，我不是博士，而是一个无知识的人，我正在努力学习。我不是我应该成为的那样的人，而是一个实际的我；我真希望掌握知识。但是，我准备不仅承认这个人是我的导师，而且承认上帝为此而指派的任何其他的人做导师，上帝使他明白我所不明白的东西。

阿尔贝京：这样一来，您想使我再次成为小学生？

埃尔平：恰恰相反，我想使您不再是一个小学生，而是成为一个大人。

阿尔贝京：十分感谢您委婉的建议促使我前进，并且使我因他的智慧而非常高兴，使我成为这个不安分的人*的学生，这个人——就像每个人所知道的那样——是一个公认学说的反对者，他在学院遭受鄙视，很少被人称赞，不被任何人承认，并且被大家所批判。

埃尔平：当然，他受到所有人迫害，但是，这是些什么人呢！的确，他只得到很少人赞扬，但是，他们却都是最好的和最高尚的人！说他是一个公认学说的反对者，但是不因为它们是一种学说，也不因为它们被大家所接受才加以反对，而是因为它们是虚假的。他遭到了许多学院蔑视，原因是那里存在各种意见分歧，那里没有爱。他被当成煽动者——因为普通人憎恨那些离开他们，并且对他们具有优越地位的人，正是这样，所以他成为普遍攻击的对象。如果我要说的话，我最好向您叙述一下他的智慧的情况，既然说的是关于投机问题，与其说他致力于教学，不如说他在渴求学习，当

* 指菲洛捷伊。——译者

他认识到，您愿意教他（因为这给他事业的成功提供希望）与如果您希望向他学习相比，他认为认识新的东西比较好，并且更加感到高兴；因为比起教学来，他更想学习，而且感到与做次要的事情相比，自己更有天赋做最为重要的事情。是这样的，恰好他本人和伏拉卡思多里伊走在一起。

阿尔贝京：欢迎光临，菲洛捷伊。

菲洛捷伊：您好，祝您成功！

阿尔贝京：

> 我早先生活在森林里，曾是反刍现象的鉴别家，反刍动物诸如马、公牛、公绵羊、山羊或驴等。但是，在我力求达到最好程度的时候，我来到您这里，为的是成为您的学生，啊，我的老师！[69]

伏拉卡思多里伊：欢迎光临！

阿尔贝京：到目前为止，我认为您的哲学立场是如此软弱，我以为甚至连听取您的理由，而不是反对它们，就已有损于自己的尊严了！

菲洛捷伊：当我研究亚里士多德的时候，在头几年我用同样的方法进行推论，但是仅仅到一定阶段为止。而现在，自从我更好地了解和研究了他，从而能够以更成熟的智慧来判断事物之后，还可能想到，我丧失了自己的知识和智慧吗？但是，既然这个病是这样的——病人本人一点儿也感觉不到有病，我担心，我正在由博学转为无知，我或许很满意，我找到了能够把我的病医好这样的医生。

阿尔贝京：

如果疾病已浸透全身，那么在这里自然本身以及和自然在一起的医生都是无能为力的。”[70]

伏拉卡思多里伊：先生，请帮帮忙，首先请为他诊脉并且察看一下他的尿，如果在我们确认我们什么也不能帮助之后，那时我们会考虑会诊的。

阿尔贝京：检查脉搏的最好方法——就是瞧看，就像您能够应付得了那些个别论据一样，我将向您援引这些论据，并从中必然得出存在许多世界和它们的无限性是不可能的结论。

菲洛捷伊：如果您向我们证明这一点，我会好好地感激您。但是，如果您做不到这一点，那么我仍然觉得欠您的情分，因为您这样就促使我的个人信念的巩固。因为我相信，由于您，我能够感到对立意见的全部力量；既然您在一般的科学上知识渊博，您将能够轻松地给我指明您的原理和理论的意义以及它们与我们的原则不同在哪里？但是，为了不中止我们论断的线索并且给予每个人泰然地解释一切的可能性，请您费心援引您认为最重要和最基本的并且您觉得最有说服力的全部理由。

阿尔贝京：我准备完成这件事。[71]这样一来，第一，亚里士多德证明了，在这个世界之外，空间和时间是不可能想象的。因此，人们说，在离我们最遥远的距离中有着以第一运动形式出现的第一天空和第一物体；我们有着把世界最高地平线称之为天空的习惯，在那里，一切事物是不动的，平稳的和静止的，同时那里有着球体运动的特性。因此，如果把世界分为天体和基本的物体，那么，应当认为后者是被限定的和被包容的东西，而前者是正在实行限定和包容的东西。

宇宙的结构是这样的，在从较粗糙的物体上升到最精致的物体的同时，我们超出太阳、月亮和其他星球被固定其上的那个火的范围之外，达到第五本质。但是第五本质不可能是无限的，因为在这种情况下不可能达到最初被推动的东西，而最初被推动的东西也不能对其他部分发生作用，不论因为这些部分是能够形成正在包容的东西，还是因为在这种情况下不朽的神圣的物体可能会包含在易朽的事物之中。而这是某种不适宜的东西，因为形式和主动性与宗教的本质是相宜的，因此，能力是包容的，起限定作用的物质，而不是被限定，被包容和被控制的物质。

由于这一点我与亚里士多德一起得出如下结论："如果在这个天空之外有着任何一种物体，那么，它或许是简单的，或许是复杂的；其次，在这种或别的情况下，我提出下一个问题：在那里它是存在于自己的自然位置中抑或是以强制方式偶然地来到那里？我们能够证明，在那里不存在简单的物体，因为要使球形物体改变自己的位置是不可能的；就像使它改变中心一样是不可能的，同样要使它改变位置，也完全是不可能的；后者只是在外在强制的结果中才能发生，但是这种强制在物体中既不是积极的，也不是消极的。要使在天空之外存在具有沿直线运动特点的简单的运动着的物体同样是不可能的。假若它是重的或者轻的物体，按自己的本性它不可能在那里，请注意，这些简单物体的位置不同于世界之外的位置。但是它不可能是偶然地待在那里，因为在这种情况下其他物体应该待在那里，就像在自己自然的位置中一样。但是既然证明了，除了是这个世界的组成部分和按照局部运动三种类型在运动的物体之外，并没有其他简单的物体，那么，由此得出结论：在世界之外没有其他简单的物体。但是，如果是这样的话，那么，要使那里有任何一种复杂的物体也是不可能的，因为这样的物体是由简单的物体构成的并且分解为简单的物体。这样，毫无疑问，不存在许多世界，因为天空是唯一的，完全的和终极的，并且没有也不可能有别的与之相似的天空。由此得出结论，除了这个物体之外，不可能有任何空间、任何完美的空泛的事物以及任何时间。在那里，不可能有完整的空间，因为在这种情况下，此空间应该或者包含简单的东西，或者包含复杂的东西，但是，我们已经说过，除了天空之外没有任何简单的东西，也没有任何复杂的东西，在那里，不可能是虚空的，因为按照定义的内涵来说，虚空就是物体可以放置其中的空间，在那里，就会有物体存在。同时，我们证明，在天空之外不可能有物体。在那里，不可能有时间，因为时间是运动的量，运动本来只是物体所固有的；但是在那里没有物体，那里就没有运动，那里没有任何的数量，没有任何运动的度量，而那里没有运动，那里就没有时间。而我们证明了在世界之外没有物体，因而我们也就证明了在那里没有任何运动，没有任何时间。而如果是这样，那么，在那里就没有任何有关时间的东西，没有任何可流动的东西，因此，世界是唯一的。”

第二，世界的统一性是从运动着的初始的统一性推定出来的。人们公认的是，圆周运动是真正地无起点和终点的完全一样的单调。而如果它是完全一样的，那么它只能是一种从一致的原因中产生出来的作用。但是,如果只有一个初始的天空,所有其他的天空都置于其下并且都隶属于这一初始的天空,那么使这一初始天空成为唯一的统治者和推动力是必要的。这后者将是一种不能用物质手段从数量上增加的非物质的东西。但是,如果推动力是一个,并且一个推动力只给予一种运动,以及一种运动(假定它是复杂的或者是不复杂的)或许只为一种运动的物体——简单的或者是复杂的物体——所固有,那么,由此得出结论:运动着的宇宙是一个。因此,再没有多个世界。

第三,当主要是考察运动物体的位置时,我们得出结论,世界只有一个。存在三种可移动物体的类型:一般的重物,一般的轻物和中性的物体,也即是土地和水,空气和火以及天空。同样,可移动物体的位置也正好存在三类:最重物体所趋向的最低的和中间的位置;最高的位置——来自最低的最遥远的位置——以及最低和最高之间的中间的位置。第一位置——是重的位置,第二位置——是不重不轻的位置,第三位置是轻的位置。第一位置属于中心,第二位置属于圆周,第三位置属于那个和另一个之间的空间。这样,有个下层的位置,一切重的物体都向这个位置运动,无论这些重物处于一个怎样的世界中;有个最高的位置,一切轻的物体都竭力涌向这个位置,无论这些轻物属于一个怎样的世界。因此,就有一个无论哪个世界的天空都可在其中运动的位置。但是如果有一个那样的位置,那么就只有一个世界而不是许多世界存在。

第四,我们假定,存在着许多中心,各种不同世界的重的物体都向这些中心运动,假定有许多地平线,轻的物体都竭力涌向这些

地平线。我们假定各种不同世界的这些位置其区别不在种类，而只在数量。那么，由此将得出结论，一个中心距离另一个中心，比起距离地平线会更加遥远。但是，这些中心在种类上是一致的，那时作为中心和地平线而言，两者是相对立的。因此，结果是这样的：在种类上相一致的中心之间其位置上的距离比起对立面之间的距离要大。而这一点与对立面的本性是相矛盾的。因为当说到太初的对立面彼此相距特别遥远的时候，那么这主要是指空间上的远离，这一远离应该发生在感性上被感知的对立面之间。这样，当我们假定世界的多样性时，您就看到结果是什么了。因此，这样的假设不仅荒谬，而且甚至是不可能的。

第五，如果在外观上有很多相似的世界，那么，它们在数量关系上应该或者是相等的，或者是相称的(即归结为同样的东西)但是，如果是这样，那么，就不能有超过 6 个与这个世界相邻接的世界，因为没有彼此渗透，它们可以与不超过 6 个球体相互交界，正像不超过 6 个相同的圆周，没有彼此交叉，它们可以相互接触一样(见图 2)。由此得出结论：既然 6 个外在的世界在 6 个点上与我们世界相切，那么，将有那么多的地平线围绕一个共同的中心点。但是因为两个太初的对立面的力量应该是一样的，而在这种假定的情况下，结果是不平衡的，那么，你将应该承认，高等成分比下等成分更有力量。但是，在这种情况下，高等成分将战胜下等成分，并且我们世界的全部物质都会分解的。

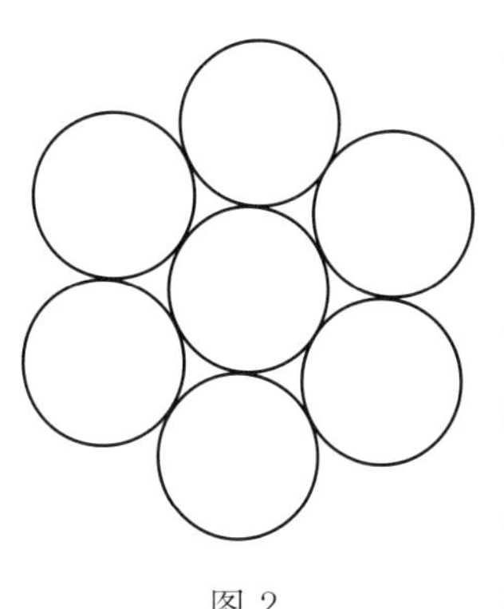

图 2

第六，既然各种不同世界的圆周只是在一个点上彼此接触，那么，由此必然得出结论：在相邻圆周的凸出部分之间留下空间。这个空间或者被某种东西或者被无所充满。如果在那里有某种东西，那么，当然它不能具有远离圆周的凸出部分的成分所具有的那种本质，因为这很显然，这样的空间有着三角形的形式，由构成三个世界圆周的部分的三条弧线所限定；中心——这一点像是十分明显的——离与角相毗邻的部分较远，离角最远。为了充满那个空间，因此，必须虚构按其本性与我们这个世界的成分相区别的新的成分和新的世界。抑或应该假设一种我们认为是不可能的虚空。

第七，如果还有诸多世界，它们或者是有限的，或者是无限的。如果他们是无限的，那么，这个无限性应该是现实的，根据许多原理这被认为是不可能的。即使世界的数量是有限的，那么这些世界的数目应该是一定的，但是在这种情况下，需要研究的是，为什么它们正好就是这么多，而不是更多或者更少？为什么尚没有其他世界？那是什么原因造成的，为什么某些世界比其他的世界要多，它们是彼此相同还是不相同并且为什么它们互相区别开来或者为什么所有这一物质被分散在许多世界上，而不是集中在一个世界上呢？因为要知道，在其他相同的条件下，统一比多样更好；为什么在 4 个、6 个或者 10 个地球之间被分布的物质不是一个大的完全的统一的球体呢？这样一来，就像从推测出发来论及可能的和不可能的一样，宁愿必须承认世界的有限的数量也不承认其无限的数量，这样，从适应和不适应的原则出发，统一比起多样或者多样性来，就更合理和合乎自然了。

第八[72]，我们看到，大自然保持着一切现象中的平衡。因此，无论在何处我们在必要的事情中找不到一点不足。对于不必要的事，找不到一点过分。其次，我们认为在实际上借助在我们的世界上正在发生的那些作用，一切都能够实现，没有任何理由臆想还有其他的世界存在。

第九，如果存在无数的世界，或者世界存在的数量超过一，那么，最大的原因就是因为上帝能够创造它们，抑或因为它们能够由上帝做主。但是如果连这一点也是极其真实的话，那么，由此不能得出结论：恰好曾经一直就是这样的。因为除了上帝的积极潜能以外，事物的消极的潜能还是必需的。大自然能够生成，并不只是依赖绝对的上帝的潜能。不是每个积极的潜能都变成受动的东西，而只是均衡的被作用的本原也即是有能力感受正在起作用的本原的全部积极性的那种潜能才能变成受动的东西。于是，在这种情况下，某种被成为原因的事物和初始原因之间没有相适应。因而，尽管上帝能造出比一个世界还更多的东西，既然这是有赖于世界的本性，所以不能有比一个世界还多的世界。

第十，世界的众多性还和理性的结论相矛盾，因为在这种情况下，包含在公民交往中的公民的美德没有了位置。建设了许多世界之后，没有给予各种不同世界的居民保持相互关系的可能性，诸神就会不好行事。

第十一，在世界众多性的情况下，诸神或者世界的推动者会相互妨碍，因为既然众球体必须在一个点上接触，所以结果会是一个球体不能够向对面另一个球体运动并且诸神对世界运动的管理将会很困难。

第十二，很多个体能够从一个个体中产生出来，只是借助于这种作用力，在此作用力下，自然界以物质分裂的方式增多了，而这不是别的，正是生育。亚里士多德和所有的逍遥学派一起坚决主张这一点。能够产生同一类型的很多个体一定是经过生育这一途径的。但是那些断言还有着同样的物质和外在形式的众世界的人并不认为，一个世界正在变为另一个世界或者一个世界正产生另一个世界。

第十三，完美不容许任何一种增补。因此，如果这个世界是完美的，那么，很明显，不要求把另一个世界归并到它里面来，世界首先作为一个连续物的类型是完美的，这个类型不以另外一个连续不断的类型为界限，因为不可分割的点以自己的像数学般精确的运动造成一条线，线是连续不断的一种类型，线造成面，面是连续不断的另一种类型，而面造成体——第三种连续不断的类型。体已经不会转为连续不断的另一种类型，但是如果它是宇宙的组成部分，那么，它与另外的物体相毗邻，而如果它是宇宙本身，那么，它是完美的并且以自己为限。因此，如果世界应该是完美的，那么，世界和宇宙——是一样的。

我认为现在必须向您援引的那些13个理由就是这样。如果你对这些问题给我提供一个令人满意的回答，那么，我将认为自己在各方面是可以被人满意的。

菲洛捷伊：当然，我的阿尔贝京，如果无论谁正竭力捍卫被阿尔贝京所提出的原理，那么，如果阿尔贝京不无智慧，他应当首先研究与之相对比的论据，因为那个把守卫被他占据的城塞作为自己的任务，而不研究所处的情况和据以可发动攻击的位置的军人是愚蠢的。你们援引的论据(如果这仅仅是论据)足够有名并且重复了很多次。如果仅仅,从一个方面来看,研究它们的基础,所有这些论据都能够被人坚决地予以推翻;而从另一个方面来看,还要研究我们证明的性质。在我的一系列回答中第一和第二点对您来说足够清楚的了。这些回答将不是冗长的,如果还需要一些补充的声明和解释,那么,我让埃尔平去做这件事,他将告诉你他从我那里听到的东西。

阿尔贝京:但是,请您首先能说服我:即您说的一切将对我是有益的,并将使我感到满意,而不会使我先厌烦地听您讲,然后再去听他讲。

菲洛捷伊:对于有学识和审慎的人来说——我认为您是这样的人——只要指出争论中仅有的一个基本点就够了,据此,如果他们从一种情况转向另一种与之相矛盾或者相对立的情况的话,他们随后将能够自己为自身形成一个更深刻而根据充足的判断。至于您的第一个疑问,即我们一旦拒绝球体和天空之间的这些区别,并且接受在这个无限大的无形体的空间中星球由于内部区别围绕特殊的中心或围绕任何一种另外物体的中心在运动的观点,这一切建筑物就都要倒塌,那么对于这种意见,我应当反对。不存在第一可移动物,实际上它是带着那么一些物体并且迫使它们围绕地球中心而旋转;相反,确切地说,这个球体成为表面上看似旋转的原因。埃尔平将向您援引对这一原理提出根据的所有理由。

阿尔贝京:我乐意听取这些理由。

菲洛捷伊:当您听完这一切,就会明白,亚里士多德的观点是与大自然相矛盾的,可是我们的观点符合理性的要求并且接受感性的和自然的检验，那么您就不会断言存在着宇宙及其运动着的物体的外部的边缘和界限；您将认为关于存在某种第一可移动物，存在某种最高级的并包括一切天空的东西的意见不过是一个空间的幻想。在这种情况下，您将明白，存在着一个普遍的天地，在这里其他世界就像这一空间中的地球一样存在着，在这个空间中，它们都被以太包围着，不是被钉在或者被固定在其他的物体上面，并且除了自己的中心，没有其他的支撑点。于是，当与正在旋转着的星球相比，这个世界不会具有别的本质，不处于另外的条件之下，并且不显示另外的本性等这些都变得明确的时候，那么将没有理由认为是这个世界而不是其他星体运动更快，没有理由认为这个世界处在宇宙中心，并且与其围绕其他星球相比，那些星球围绕这个世界旋转更快些。于是，最后从大自然的一致性出发，我们应当得出关于不存在圆周——均轮、关于从内部推动这些球体的主导精神的本性和力量、关于宇宙广阔空间的一致性以及关于宇宙不可能存在边缘和某种的外在轮廓等结论。

阿尔贝京：这实际上与自然界不相矛盾，也许，甚至在最大程度上与自然界相适应。但是很难援引证据，并且为了驳倒反对者的论据，需要有非常的机智。

菲洛捷伊：需要找到主要线索，并且在这种情况下已经很轻松地解开所有线团。全部困难产生于一个不能接受的假定，也就是产生于这样的意见：即地球具有重力和静止性以及第一推动者与其他圆周——七个、八个、九个或者更多些圆周同时存在，星体被安排和连接在这些圆周上，在这些圆周中它们被放入、被封住、被镶上、被钉住、被粘住，它们被雕塑艺术加以雕刻或者被写生艺术加以描绘；而且它们与被我们称之为地球的星体，不处于同一个空间中；但是实际上，完全相反，地球和其他被视为有灵性的和神的星球一样，处于同样的领域，有着就是这样的一种形式，由就是这样的成分所构成并且以就是这样的内在原则在运动。

阿尔贝京：当然，一旦我抓住主要意思，我将轻松地明白您要提出的所有其他的原理；同时，您拔掉一种哲学的根并且把另外一种哲学栽到前者原先的地方去。

菲洛捷伊：您将用智慧驳倒庸俗而又具有合理性看法的观点，这一看法断言：存在一个在天上的、最高的和最优美的地平线，它与那种推动这些想象的圆周并且静止而绝妙的本质相交界。同时，您要应当承认，无论如何，同样可能由于内在的原则星体像地球一样，是一个有生命的东西，在运动着和旋转着。您也将确信，那种观点——根据这种观点，比起我们用以呼吸的空气来，星体是以一种不具有任何强度和阻力，并且还更薄和更稀疏的物体形式在运动——不可能用经验来证明并且成为一种最纯粹的幻想。倒是我们的意见符合井井有条的经验并且建立在理性的基础之上。您也将不再认为星体被固定在想象的带有隆起和凹陷的表层的球面上；它们和这些球面一起运动是近乎情理的了。您将发现，按照我们理性的要求并且合乎自然，一些星体不怕向下落入无限性之中，抑或上升到无限的高度（因为在无限大的空间中，没有向上和向下，右边和左边，前面和后面的区别），对于其他星体来说由于它们被赋予生命力并具有一定的组成，就像您总有一天会知道的一样，它们正实现圆周的运动。您会看到，这一想象的天空的表面也许是简单的或者是复杂的沿着直线运动着的物体；因为像我们星

球的各部分一样，其他物体的各部分也能够沿直线运动；因为地球就是由这样的成分组成的，其他周围的物体也是由这样的成分组成的，在这种程度上可以认定，另外的物体围绕地球在运动就像地球围绕其他东西在运动一样。

阿尔贝京：比起任何时候，现在我更多地注意到，作为在论断开始时的最小错误往往是这一论断最后导致的最大分歧和许多危险与错误的原因。一个简单的误会渐渐地扩大为无数的其他东西，像一颗幼小的根发展成无数粗大的枝条。但是，菲洛捷伊，我用生命担保，我很希望你向我证明你所提出的那些原理，也希望我认为那些有价值的和合乎情理的东西由你来向我证明它是符合真理的。

菲洛捷伊：我将在时间情况允许的范围内来完成这件事，同时推荐一些东西供您研究，这些东西至今还不为您所知，不是因为您无能，而是因为您不了解情况。

阿尔贝京：在论题和推论的形式上，您为我援引了一切，因为我知道，您在达到现在的观点之前，已经具有了极其认真地研究对手力量的可能性，我相信，比起我来，您在相当的程度上揭开了通行哲学的秘密。请继续说下去。

菲洛捷伊：这样一来，完全不需要追问，在天空之外，还存在空间、虚空和时间吗？因为普遍的地方是统一的，不可量度的空间是统一的，我们能够随便地把这一空间称之为虚空；无数多个与我们在其中生活和过日子的那个星球相似的星球都存在于这个虚空中。我们把这个空间称之为是无限的，因为没有应当可以对这个空间加以限制的理由、打算、可能性、意义或本性。在这个空间中，有着无限多个与我们的世界相似，按种类说与我们的世界并无区别的世界，因为在大自然的能力中没有理由并且没有缺陷，无论在消极能力中，还是在积极能力中都是这样，由此在本质上与我们的空间没有差别的任何一个另外的空间里，这类理由与缺陷也是不存在的，就像消极能力和积极能力在包围我们的这个空间里存在一样。

阿尔贝京：如果您以前说得正确，如果因为你说的至少比起与之相对立的假定要合乎情理，那么，您说的话就具有必然性。

菲洛捷伊：因此在世界的想象的圆周和凸起部分的后面存在着时间，因为那里有运动的度量和基础，并且存在着流动的物体。这是对您提出的关于世界统一的第一原理的异议。

至于说到您的第二原理，那么我认定实际上存在着第一和主要的推动者，但它不是在那个意义上——即当按等级由推动者向第二级、第三级和以下各级下降时，可以认为从第一推动者转入中间和最后推动者——的第一推动者。我认为，没有也不可能有这些推动者，因为，在那里，存在着无限的数量，那里没有等级和数量上的次序，尽管按照关系和优点或者按照种类和类型的区分，或者按照同一种类和同一类型中阶段的区分，存在着某些阶段和种类。因此，存在着无限多的推动者，它们俨然就是这些无限多的星体的灵魂一样，而这些星体是形式和内在的活动，于是对于这些星体来说，存在着一种主宰，它们全靠这种主宰，首要的是，这一主宰使精神、心灵、上帝、神、推动者具有动力并且使物质、物体、有灵性的东西、最初的自然界、可移动的东西运动起来。因此，存在着无限多个推动者和正在运动的物体，它们全部归结于积极的和消极的原则[73]，就像全部的数目都归结于一一样；无限的数目和一是相一致的，确实就像在以太中有可能创造一切的最高的积极的本原与正如在《论原因、本原与太一》一书末尾被证明了的本原能成为一切这一点是相一致的一样。因此，按数目和多数来说，存在着无限的可移动的东西和无限的具有推动力的东西；但是，按统一和唯一性来说，存在着无限的可移动的推动者和无限的不动的宇宙；于是，这种无限的数目和量值与无限的一和那种具有一个最单一的、特殊的、真正的真实的本原的简朴性是相一致的。这样一来，就没有第一个可移动物，也不存在其后，在一定次序中会有第二个可移动物，再往后，也不存在最后一个可移动的东西，乃至无限；但是，所有可移动的物体都同样地靠近第一个可移动物抑或疏远它以及那些普遍的推动者。在逻辑意义上，与此相似的是，所有种类对那个属来说，都具有同样的关系，而所有个体对那个类来说，也都具有同样的关系；所以在无限的空间中普遍的无限的推动者产生出普遍的无限的运动，无限的推动者和无限的正在运动的物体都有赖于这种运动，每个推动者和正在运动的物体无论在规模上还是在作用上都具有有限的程度。

至于说到第三个论据，那么，我认定，在空间的范围内没有任何一个像重物向中心移动以及轻物远离这个点向圆周方向运动那样的确定的点；因为在宇宙中没有中心也没有圆周；或者如果你愿意的话，到处都是中心并且对于任何一个另外的中心或中央来说，每个点都可以当作圆周的组成部分。至于我们，那么，我们称之为重的东西，是指从这个球体的圆周向中心运动的东西；称之为轻的东西，是指在相反方向上运动的东西。于是我们将看到，实际上没有任何重的东西，同时也没有轻的东西，因为地球的各个部分合乎逻辑地在改变着自己的位置、状况和成分并且在好几百年的漫长期间一切中心的部分正向圆周上转移，而一切处于圆周上的部分也正向中心移动。我们将看到，重力或轻力恰恰正是事物的各个部分对包容和保护它们的本身位置的一种企求，在那里，什么也不存在，它们不是由于地势的不同发生转移，可是由于对自我保全的企求，作为一个内部的原则，这种自我保全推动着每一个事物并且引导它往那里去——如果没有外在的障碍的话——在这里它最好避开对立的东西并且汇合到正在靠近的物体中去。这样一来，处于月球圆周上和按种类与外观和我们的世界相似的其他世界的各个部分都竭力趋向球体的中心，好像由于重力的作用；可是，相反，细微的部分正向圆周远离，好像由于轻力的作用。但是在实际上它们不是因为这个原因而远离圆周或者接近圆周，因为如果事情会这样发生的话，那么越大的部分就越接近圆周，它们跑得就越快。可是，相反，它们离开圆周越远，就越强烈地力求达到相反的地方，但是，我们观察到与此相反的现象，当处于地球范围界限之外的那些物体留在空中自由地悬挂着，不上升也不下降的时候，当它们由于各个部分的结合或者由于遇冷凝聚起来而得不到大的重力的时候，——于是在这种情况下，它们拨开处于下面的大气，回归到自己的构成成分，抑或由于受热而分解并变得精细时，它们解体为原子。

阿尔贝京：如果您能向我更详细地证明各星体同这个地球的不可区别性的话，那么我会更好地理解这一点。

菲洛捷伊：埃尔平将会按照他从我这里听到的观点轻松地给

您做解释。于是他会更详细地向您证明,一切物体是重或是轻,不是对宇宙的各个领域来说的,而是对包容和保护它们的自己整体的各个部分来说的。各个星体竭力保持自己真正的状态,在各种方向上运动着并彼此相互联结像大海上的水滴一样,抑或像一切液体一样,在太阳或者其他火光的作用下相互分离了。因为由于内在原则产生的一切自然的运动的目的都只是为了因不相适应和相互矛盾的事物而离远以及因趋向有亲和力和相适应的事物而接近。因为如果任何事物只要不被相对立的事物所排除的话,它都不从自己的位置上移动,于是在自己的位置上任何事物都不是轻或者是重,但是升在天空的土竭力趋向自己的位置,渐渐成为重的东西并且它自己感觉也是重的东西了。这样一来,升到天空的水渐渐成为重的东西了,但是水在自己本来的位置上并不重。于是,对于那些浸在水里的物体来说,水不重,当一个不大的充满了水的花瓶被从水里拿出来时,花瓶就成为重的东西了。对于自己本身的躯干来说,一个头是不重的,但是另外一个放在其上的头,会是拥有重量的;这一原因就是,这个头不处在它自己的自然的位置上。这样一来,如果重物或者轻物竭力趋向于正在保持的位置并且逃避相对立的东西,那么,处在自己位置上的任何事物就不会有重的或者轻的现象;当由于一个事物或者极其厌恶另一个事物而感觉不到益处的时候,离开自己正在保持的位置或者与之相对立的位置的任何事物同时就不会成为重的或轻的东西了;但是,如果在对一个事物感觉极其厌恶时,这一事物同时也感受到对于对立物的惊慌、窘态和犹豫不决,那么,在此情况下,这一事物就最先获胜了。

阿尔贝京:您在答应一件大事的时候,那么,您主要是在完成一个承诺。

菲洛捷伊:为了不两次重复同样的东西,我让埃尔平向您解释其余的部分。

阿尔贝京:我以为我明白一切,因为一种意见引起另一种意见,一种真理证明另一种真理;于是我开始理解的东西比我能够解释的东西要多;至今我认为许多事物是可靠的,现在我开始怀疑这些事物了。这就是为什么我感到,我越来越容易地开始同意您的意见。

菲洛捷伊:当您完全理解我时,您会在一切方面同意我的意见。当您又重新抱着习惯了的观点或者至少不那么坚决地支持对方的意见时,就像您面对争论所做的一样。因为根据为数不多的并且各不相同的理由,我们充分地解释了与我们见解有关的一切,这一见解以许多原理和理由为基础;因为就像一个谬误引起另一个谬误一样,新的真理也会随着已被发现的真理而产生。

至于第四个论据,那么,我们认为,既然存在着那么多的中心,就存在着那么多的个体、球体、环境、世界,那么由此不能做出结论:任何一个物体的各部分都与另外的中心有关,而与自己的原有的中心无关,或者在自己的原有的圆周界限之外向着另外的圆周远去。这样,这个地球的各部不是竭力趋向于别的中心,也不企图与其他球体相联结,就像动物的液汁和部分在其自身机体中都有自己的涌入和退出并且对于另外的从数量上和它有区别的物体不具有任何关系一样。

您认为——从形式上看与另一个中心相一致的那个中心比起

按本性二者相互对立并因此应该相隔最远的中心和圆周来说，离上面所指的另一个中心更远。——这一观点是不正确的，关于这一点，我对您的回答是，第一，对立物不应该彼此离得很远，但是只需达到一个对立物能够影响到另一个对立物，而那一个对立物则能够受到第一个对立物影响的程度；这样，在太阳上我们看到，它的那些处在它圆周上的地球其分布离我们最近；而且整个自然界的秩序证明，一个对立物存在、生存并且以其他对立物作为营养，而那个对立物受到影响，发生变化，被加以克服，并且转化为另外一种对立物。

此外，我们不久以前与埃尔平讨论了关于四种元素的排列问题，所有这些元素对于作为每个球体的各个部分的构成来说，都是必需的，其中一个部分位于另一个部分的内部，或者与其混合在一起。但是，它们彼此没有区别，就像包容者和被包容者一样。因为在那里有干燥的东西，那里就在明显的或者隐蔽的形式中存在着水，空气和火；这样，我们在由一些发光的，类似太阳，另外一些是无色的，类似月亮和地球所组成的星球之间发现区别，这一区别不是因为它们是由简单的元素构成，而是因为一种元素在它们的构成中占优势而产生的。

其次，好像对立面相互离得很远，这是完全不正确的，因为在一切事物中，对立物按其本性是联系着和结合着的；于是宇宙无论是对于自己的主要部分来说，还是对于次要的部分来说，只是由对立物的类似的相互关系和化合物组成的。因此，地球上没有任何一部分会不以最密切的方式与水发生联系，没有水就没有密度，没有原子的结合，没有强度。此外，什么样的地上物体严密到如此程度，使它不具有难以看出的细孔，——没有这些细孔，物体将是不可分割的——并且在它们中将不会透进那种脱离客体而成为可感知物体的火或者热呢？因此，你的冷而干的，不会与温和湿的物体相联系的那一物体的各部分在哪里呢？所以元素的划分纯粹具有逻辑的性质，而没有现实的性质；如果太阳处在一个远离地球区域的范围里，那么这不意味着与它离我们地球的距离相比，空气、土地和水离它就更远些；因为太阳——就是这样一个复杂的物体，就像我们的地球一样，尽管用于组成太阳的四种元素中有一种元素占优势，而在我们这里是另一种元素占优势。此外，如果我们以为，自然界应当适应这个逻辑，这个逻辑认为，在对立物之间存在着最大的距离，那么由此就会得出结论：在你的火——它是轻的和你的土——它是重的之间应该安排你的天——它不重也不轻。如果你还要说，这仅仅是与四个基本元素有关，那么，就不得不按另外的次序把它们摆好。我要说的是，水就是应该处于中心位置并且是一切最重的东西竭力趋向的地方，如果火处在圆周上，那么火是一切最轻的东西竭力趋向的那个地方；因为水是冷的和湿的并且在这个意义上与火是相对立的，按照两者性质，水应该离热的和干燥的元素最远。而气是暖的和湿的，应该离冷的和干的土最远。因此，您看到，逍遥派的这个判断不合逻辑到何种程度，您将会根据自然抑或根据它们自身的原则和基本原理去考察这一判断，结果都一样。

阿尔贝京：我很清楚地看到这一点。

菲洛捷伊：您还看到，我们的哲学和理性是不矛盾的，这个哲学将一切简化为一个原则和一个目标并且以这样的方式使得对立物互相一致，你还看到，存在着两个共同的载体；我们认为，这一对立现象归根到底是绝妙格言的基础，认为对立物存在于对立现象之中，不管从什么地方都不难认识，每个事物以怎样的方式在从每个事物中产生；但是亚里士多德和其他诡辩学家不能理解这一点。

阿尔贝京：我很高兴地听从您的话，我知道，那些很多的并且如此不同的结论不可能马上全部一起地得到证明；但是，您在我认为是正确的学术中向我证明了这些困难之后，我开始怀疑按照原先那些思考我认为是正确的所有其他人。这就是为什么我现在准备认真地和没有反对意见地听完您的原理、原则和推论的理由。

埃尔平：您将看到，亚里士多德的哲学已不是它的黄金时代了，现在由您引起的疑问正在得到解决。

阿尔贝京：对其他各点我不是很感兴趣，因为我渴望理解你们学说的基本原则；如果我懂得它们，那么我会解决从它们中产生的其他疑问。

菲洛捷伊：关于这一点，我们将在以后讨论。至于说到第五论据，那么您应当注意，如果我们设想有着据以我们想象的即通行的四种土的元素的构成比例而排列的无限多数的世界；如果我们还将设想由另外的物质构成的并且具有另外的性质，围绕这个地球并在地球周围沿着圆周快速运动的 8 个、9 个或者 10 个另外的天空；如果除了这个例如被做成具有球形的世界之外，我们将接受很多类似球体并正在运动的世界，那么，在这种情况下，我们将应该回答和设想，它们中的每一个世界以怎样的方式成为另一个世界的延续并且与它毗连着；在这种情况下，我们将能够在自己的想象力中提出在圆周的多少点上会有位于周围世界的相互触及的事发生。在这种情况下，您会看到，围绕一个世界无论有多少地平线，它们已经将不是一个世界的地平线，但是每个地平线都会像另外的地平线对自己的中心的关系一样，与自己的中心有一种这样的相互联系。因为它们只是影响着那些物体，围绕这些物体它们在旋转和自转。与此相类似，如果一些动物相互接触并且一个与另一个紧紧地靠在一起，那么由此不会得出结论：一个物体的成分就是另一个物体的成分，并且它们中每一个都能够具有几个头和躯干。但是感戴上帝，我们不应勉为其难地寻找类似的毫无价值的结论。因为代替那些天空，代替那些按照直的和斜的方向，向东和向西，按照世界中心线和黄道带*中心线，向那里和向这里，在那种或另一种程度上正发生转折，并在快速和缓慢运动着的可移动物体，我们拥有一个天空，一个空间，在这一空间中无论是我们在其中居住的那个星体，还是所有其他星体都按照自己原有的圆周和路线在运动。它们是无限多数的世界，也就是不可胜数的星体；这就是无限的空间，也就是包括它们在内并在它们之上扩展开的天空。关于一切天体物体围绕着地球中心的虚幻的概念在消失，因为地球围绕自己原有的中心旋转并且在24小时内观察周围的天体变得很清楚了。一系列围绕着我们地球部分的许多星体固定其上的圆周——均轮不再存在；但是，每一个太阳都获得自己原有的运动，我们把这个运动称之为和其他星体的运动相比，带有自己差别的本轮的运动；这些太阳在漫长的世纪期间还在运动，如果它们运动不永久的话，那不是被外部的推动者所推动，而是被自己本

* 黄道是地球上的人看太阳于一年内在恒星之间所走的视路径，即地球的公转轨道平面和天球相交的大圆。黄道带是黄道两边各8°（共宽16°）的一条带。日、月和主要行星的运行路径都处在黄道带内。——译者

来的灵魂所推动的缘故，就像我们的太阳围绕自己的中心并且围绕火的元素在运动一样。

因此，在这里有什么样的世界，这里就有什么样的天空，我们看到的围绕我们球体的就是那个天空，这个不比其他球体小的球体是一个壮丽的发光的星体。在我们看来，正是这些世界，它们按照面貌和光亮相区别并且在一定的距离中彼此排列；而且它们中任何一个对于另一个的距离，比起月亮对地球或者地球对太阳而言并不近些；因此，对立物并不破坏其他的事物，而是给它以营养，而相似的事物并不妨碍其他的事物而是为它让出位置。这样，在一定的比例中，在时间的一定间隙中，我们这个最冷的球体从某个方面，以某种自己的外形在晒太阳；正是伴随着一定的变化，地球给我们称之为月球的邻近的陆地让出位置，或者迫使月球给地球让位，在那时，作为这些物体中的一个或者另外一个渐渐变得离太阳更远或者离它更近了，因此蒂迈欧和其他毕达哥拉斯学派把月亮称之为反地球。

在这些世界中居住着各种生物，它们耕作着这些世界。正是这些世界本身——是宇宙中最重要和最绝妙的生物；并且它们中的每一个恰好由四种元素所组成，就像我们处于其中但仅带有某种区别即在一些世界中，一个积极质量占优势，在另外一些世界中，别的积极质量占优势的那个世界一样，因此，一些世界对水敏感，另外一些世界对火敏感。除了众世界据以构成的这四种元素之外，还存在一个像我们所说的不可计量的空间领域，一切都在其中运动、生活和生长。这种以太包含着一切物体并且渗透于其中；既然它处于物体成分的内部，也就是说组成一个复合物的组成部分，它通常被称之为气，气是一种存在于水周围和大地内部，置于极高的山峰之间，能够形成浓密的乌云和猛烈的南风和北风的蒸汽。既然它是清净的，并且不构成复合物的组成部分，但是它是那种宇宙的物体都在其中存在和运动的地方，在词的原义上它被称之为从变动中取得自己名称的以太[74]。这种以太，虽然按照自己的本质它和那种处于大地内部，但是具有另外的名称，就像那种围绕着我们，被称为气的东西一样，没有什么区别；同样，以太在某种意义上构成我们的组成部分，是我们身体的成分，或者处于肺脏、动脉以及另外的洼处和毛孔中，被称之为气息。同样的以太在寒冷物体的周围则凝聚为汽，而在很热的星体周围，如果不与因星体的强烈高温而被点燃了的密度大的物体相结合的话，则精细得像不可见的火焰一样。可见，以太本身并且根据它自己原有的本性不具有一定的质量，但是它从邻近的物体那里得到了它们的一切并且由于积极的原则它在自己的运动中使邻近物体沿着地平线而迁移。总之，我们证明了世界是怎样的，天空是怎样的，并且我在想，您不仅摆脱了自己真正的疑惑，而且由于不可计数的许多其他事物，对于物理领域里许多正确的推论来说，您又得出了科学原理。现在我让您来决定，您不会把我的一些假设以为是查无实据吧？我想，如果您公正地研究它们，那么，您会发现，在发掘绝对真实的东西之前，它们仍然比对立面的意见更像是合乎情理的。

阿尔贝京：您继续讲下去，菲洛捷伊，我听从您的。

菲洛捷伊：这样一来，我们也回答了第六个论据，该论据就不同世界在一个点上的接触提出问题，即什么样的事物能包含在这些三角形的空间中，而该事物既不具有天的本性，也不具有元素的本性？因为我们有一个天，在这个天中众世界各占有自己的空间、领域和距离；天向一切方面扩展，渗入到一切之中，并且包含着一切，它和一切事物相毗连并且不遗下任何一个空闲的地方，如果仅是那个一切在其中运动的地方和一切在其中飞驰而过的空间，你将不乐意地称之为虚空，就像许多人所做的这样，抑或你称之为第一基础，这一基础在这个虚空中是不言而喻的，因为它无论在什么部分都不占有位置。（如果你愿意将在纯粹逻辑或抽象的意义上用理智——但不是按照本性和本质——把它与物体和存在相区分的话）因此，没有任何东西会不处在有限或是无限的地方，根据它自身整体或部分的情形，假设该地方是物体的或是非物体的，这种无限的地方不是别的而是空间，而空间不是别的，是一种虚空。如果我们希望把虚空理解为像稳固的事物一样，那么我们把虚空称之为含有众世界的以太场；如果我们还希望把虚空理解为像严密的事物一样，那么我们称之为包含着以太场和诸世界并且不包含其他东西的空间。因此与那些根据最微弱的理由开始臆想均轮的圆周、神奇的物质、具有天空本性的稀薄并且密度大的部分、第五本质以及其他没有任何内容和真理的离奇的名称的人不同，我们不需要虚构新元素和新世界。

关于第七论据，我们认为，无限的宇宙是唯一的，连续不断的，它由空间的领域和诸世界所构成，但是，存在着无限多的世界，这些世界被人理解并且处在宇宙的各个领域中，根据同样的原理，按照这些原理，我们的世界被理解并处于宇宙的一定的领域中。关于这一点不久以前我与埃尔平谈过，证明并证实德谟克利特、伊壁鸠鲁和许多其他人说过的话，他们以更开阔的眼光专心观察大自然，并且面对关于自然的一些固执的声音而他们并未成为聋子。

因此，不再对那些新奇东西感到恐惧，
用智慧来批驳我们的学说，
首先要以敏锐的判断来研究它并加以衡量；
如果我原来是正确的，
那么就请认输，
而如果是不正确的，
那么你起来反对并推翻它。
要知道，如果说在外部，在我们世界的界限之外，
对存在着的空间而言没有界限，
那么我们正努力探索，在那里存在什么，
向着它，我们的思想在关注，
向着它，我们的智慧在飞驰，在自由的遐想中升起。
首先，我们看到，在各处，在各个方向上，
从一个到另一个方面，无论从上还是从下，在宇宙中都没有界限，
正如我所证明，正如显而易见的事实本身所大声宣告，
也正如空间的本性自身所清楚显露。[75]

我们反对那种断言大自然在竭力缩小的第八论据，但是实际上，既然在关于大小众世界的情况方面我们的经验在增长，但我们并未在一切事物中都觉察到这一点，因为没有看到界限，我们的眼睛被他所相像到的不可计量的空间所征服，他被这个越来越多的

星体数量所搅扰和压服，因此，当理性迫使我们把空间与空间，部分与部分，世界与世界连接起来时，我们的感觉就停留在犹豫不决中了：

> 因此，无论如何都不能认为以下的观点是可能的：
> 不论何时，空间处处以圆周形式在无限地彰显着，
> 当不可计量的种子此时竭力在这个深不可测的天空中飞逝，
> 并被永恒的运动所驱赶着，
> 为的只是造成我们这个地球和一个天空……
> 因此，你应该承认在这个世界界限之外，
> 也存在其他的物质聚集，
> 就像与以太贪婪地拥抱着的我们这个世界一样。[76]

显而易见的事实反对第九个论据，该论据认为但未证明无限消极性能不适应无限积极性能，也未证明不可能有无限物质的无限空间；该论据认定，由此在创造者、作用以及活动之间不可能有任何的对比关系，认定作用者可以发展无限的活动，但无须把这活动传给自然界。——但是这一切仍然还是未被证明的，并且这里面含有一个很明显的矛盾。所以诗人说得好：

> 除此之外，如果说，物质大量存在，
> 如果有位置，并且没有什么原因或东西来妨碍的话，
> 那么，一些物体应该从物质中产生出来。

如果种子的数量如此巨大，

以至为了计算它们，即便把所有生物用上，无论如何也都不够，

如果大自然能经常地、同时并到处把事物的种子集聚到一起，

并按同样的秩序来收集它们，

就像它们在我们这里结合在一起一样，

因此，就必须承认，

在宇宙中还有着其他区域，

甚至还有其他的人类种族以及各种各样的野兽。[77]

我们反对第十个论据，是因为各种不同世界的完美的，被调整好的同一性看起来是如此的不必要，就像使所有的人成为一个人或者使所有的动物成为一种动物是不必要的一样。而且经验告诉我们，对这个世界的居民来说，原来最好的情形就是大自然用海洋和群山把各种不同的民族分开来；可是，当由于人类的技巧，交往在他们中间被建立起来的时候，那么灾难比幸福来得更快这一情况就发生了。因为由于这一点，恶习比美德增加得更多。关于这一点悲剧诗人在自己的倾诉中写得很好：

世界被很好地划分为各个地方，

塞萨利亚的船把它们结合为一个整体，

此船命令海洋容忍这些打击，而在大海的深渊面前，

在先前的恐惧之上，

我们更是恐惧不已。[78]

我们对第十一个论据的回答将和对第五个论据回答一样;要知道众世界中的每一个都在以太的帷幔中以这样的方式占有自己的位置:任何一个世界不与另一个世界接触也不碰撞;但是它们在这样的距离中驶过自己的轨道,并且相互分开而排列,它们中的任何一个不破坏另一个,而是相互为对方提供营养。

第十二个论据断言,大自然只是以这样的方式借助生育来增多和扩大的:一个个体作为父亲产生另一个个体作为儿子。我们的回答是,这并不是适用一切现象的真理,因为这是用仅仅一种材料依赖仅仅一个创造者的活动得出有着无限的各种不同形状和花彩的各不相同的花瓶。在任何一个世界灭亡和复兴的条件下,无论是完美的还是不完美的动物最初产生出来都是由于大自然本身的力量强大,而非任何行为的产物,对此我就不再论及了。

第十三和最后一个论据坚决主张,如果这个或者任何一种另外的世界具有完美的性质,那么,这就排除其他众世界的存在。对此我的回答是,对于这一世界的存在和完美来说,当然,并不要求其他世界的存在,但是,为了宇宙保持自己的存在并日臻完善,有着无限多的世界是必需的;因此,由于众世界中一个世界的完善得不出如下结论,即其他世界就不那么完善了。因为这个世界,像其他的世界一样,并且其他的世界,也像这个世界一样,这些世界的任何一个都由自己的各部分组成,各个世界和它自己的成分一起组成一个统一的整体。

阿尔贝京:菲洛捷伊,从今以后无论群氓的喧哗、愚昧之徒的愤怒、蠢人的怨言、暴君的白眼、疯子的胡闹、狂人的荒诞、撒谎者的告密、怀恨在心者的诉怨、妒贤嫉能者的诽谤，这些在我面前，都损害不了你的崇高形象，并且也绝不会使我离开你的极好谈话。坚持到底，我的菲洛捷伊，坚持到底，莫失去勇气，别退缩，哪怕浑噩无知的庞大而严厉的元老院使用许多阴谋诡计来威胁你，并且企图毁掉你的美好事业和崇高劳动。你要坚信，往后大家所看到的，就是我现在所看到的，于是他们将会明白，每个人轻易地夸你和大家困难地教你是一样的。一切尚未彻底学坏的人对于你都将问心无愧地有着良好的评价，因为归根到底每个人都是自己心灵的内在老师来教育的，因为我们不是从无论外在的什么地方，而是从自己原本的精神中得到精神的幸福的。正因为在一切人的心灵中都有着一定的与生俱来的道德，这一道德在理性的高级法庭中开庭并判定善与恶，光明与黑暗，那么，最正确和意志坚定的见证人和辩护者出于每个人自身的信念将奋起支持你的事业。那些不会成为你的朋友的人，可他们将仍是冷漠无情的，作为公认的诡辩家他们将为自己悲观的无知辩护，并继续顽固地迫害你，他们在自己个人的良心中感觉到有要对他们施以虐杀和为你复仇的人。他们越是经常地在自己的思想深处竭力掩饰此事，此事将越将使他们万分难受。像从欧墨尼德斯*的坚硬的头发中长出来的非常厉害的虫子一样，在看到它的反对你的计划破灭后，它会带着盛怒向自己原有的不公平的缔造者的手或者胸部扑去，向其喷满足以致命的毒物，接着用它的锋利的牙齿把缔造者咬伤，给他准备一个受

* 欧墨尼德斯，希腊神话中复仇三女神，也称埃里尼斯。——译者

尽折磨的死亡。

请继续给我们介绍这样确实的天空、确实的行星和其他星体，一个无限的众世界同其他事物相比区别就在于，无限的空间如何的不仅不是不可能的，而且甚至是必需的，无限的作用如何的合乎无限的原因，真正的实体，物质，作用以及正在起作用的原因都是什么样的，一切有感觉的和复杂的事物是如何的由那些最初始的东西和成分组成的。对我们来说，完成关于无限的宇宙的学说是有说服力的。要解决凸形和凹形的曲面问题，这些曲面正从里面和外面限制各种要素和天空。对我们来说，提出均轮的圆周和被固定了的星体的观点是可笑的。借助于令人信服的理由，随着纷纷议论和如雷般响声把这些被盲目的人群如此尊敬的第一个可移动物和最后一个凸形的金刚石墙壁都打碎并扔到地上。要清除地球是唯一中心的信仰。要清除对第五本质的可耻信念。给予我们一种学说，该学说认为我们所看到的其他星体和世界，其构成恰恰与我们这个星体和世界是一样的。供给同样的营养，请以您自己研究无限广大和辽阔的众世界以及其他无限的较小一些世界的结构的学术成果给我们提供精神食粮。要把所有外在推动者与这些天空的界限一起推翻。请给我们打开大门，经过此门，我们将能够看到我们星球和其他星球相比难以区别。请明白告诉我们，在以太中存在着与我们世界类似的其他世界。请给我们讲清楚这一点：一切宇宙物体的运动都是由内在本质的作用而产生的，以便在这种洞察事物之光的照耀下，我们能够以准确的步伐沿着认识大自然的道路庄严地前行。

菲洛捷伊：埃尔平，由于布尔基博士无论是从前还是后来，都

不想同意我们的观点，对此，你有什么看法？

埃尔平：他只需要少许的见闻，就能够在今后长久地思考和理解许多事情，这是一个富有朝气的有才智的人的特点。

阿尔贝京：尽管到目前我还没有机会看见明亮行星的整个物体[79]，但我还是能够沿着被行星的物体向四外散出的光线觉察出，这些光线经过已关闭的我的智力窗户的狭窄窟窿透进来，它的亮光不像矫揉造作的诡辩学派的灯的光芒，也不像或者是月亮的，或者是其他较小星球的光辉。所以我准备在将来更好地研究一下这一行星物体。

菲洛捷伊：您的友谊将使我十分愉快。

埃尔平：那么，现在让我们一起去用晚餐。

论无限、宇宙与众世界

五篇对话

——终——

《论无限、宇宙与众世界》对话注解*

① 正如在其他对话中一样，四位交谈者中，所谓菲洛捷伊是指布鲁诺本人；埃尔平是一位好学的学者，他乐意听从布鲁诺；布尔基是一位正常理智的拥护者，而同时也是亚里士多德哲学的拥护者；他崇拜公认的权威和显示出完全没有能力吸收布鲁诺的新的学说。可能，以布鲁诺为代表，他想讽刺地描写与他进行争论并捍卫托勒密体系的牛津学者。第四位交谈者也不是文学人物，而是一个实实在在的人——伏拉卡思多里伊(1478—1553)，天文学，哲学和医学著作的作者。他驳斥了托勒密关于本轮的学说并作为天文学家对布鲁诺产生了影响。望远镜的最初想法被认为是伏拉卡思多里伊所为。在哲学方面，他与关于暗质量的学说做斗争；他是原子论的拥护者，认为所有的物体具有相互引力并都是带电的，磁和物理现象由于自己的原因拥有没有重量的开端。可能，布鲁诺将他作为菲洛捷伊的拥护者和助手，因为伏拉卡思多里伊在学术界享有极大的声望。在第三篇对话中，他起着主要的作用；他援引完整系列的宇宙学论据支持新的学说并驳斥贵族成员的理由。

② 布鲁诺把感觉对理智的作用与见证人对评判的作用进行比较。感觉能够把理智的注意力转向已知的问题，但是，不能给出最后的解决。而且甚至于作为见证人的感觉记述不会博得完全的信任，而是需要检验。

③ 关于四种知识，布鲁诺讲述了自己的学说。布鲁诺认为感觉的经验属于第一种知识。逻辑性属于第二种知识；借助于逻辑论据和推论找到真理。第三种知识是理智，理智了解原则；在原则中，包括对立的统一。在他自己的著作《论原因、本原与太一》中，布鲁诺证实，物质，——所有的自然形态从哪里来并再一次返回到那里去，——是实体的原则并且只有

* 此注解由哲学副博士阿·依·鲁宾编。

通过理智才能理解。第四种知识是包含在精神里的真理，它预见到笛卡儿和斯宾诺莎的直觉知识。

④ 布鲁诺转述了在《物理学》(第Ⅳ卷，第1—5章)中所叙述的亚里士多德的学说。根据这个学说，位置，或者空间，既不是形式，也不是物质，也不是间隔空间；它是《包容物体相对被包容物体的界限》；位置不是被物体占据的空间，而是它的界限；在这种情况下，它被想象为与物体分开的和不运动的东西。它类似于不运动的器皿。

⑤ 亚里士多德的天文学理论主要地由他在其著作《论天空》(第1卷，第9章)中叙述。他指出，环绕着不运动的地球，旋转着许多同一中心的球面，月亮、太阳、五大行星和不运动的星星就固定在这些球面上。被称作《第一天空》的不运动星星的天空，由于它的包容的神灵有机会直接地运动。属于它的特别的神灵是其余球体运动的原则。因为外部球体与内部球体有关，如同形式与物质、主动与被动有关一样，这样一来，其中每个球体就将自身的运动传递给所有被包容的球体，就像其中最外面的球体做的这样，将它们全部引领到自己每一次的旋转中来。天空的界线之外，既没有空间，也没有时间，也没有空处。

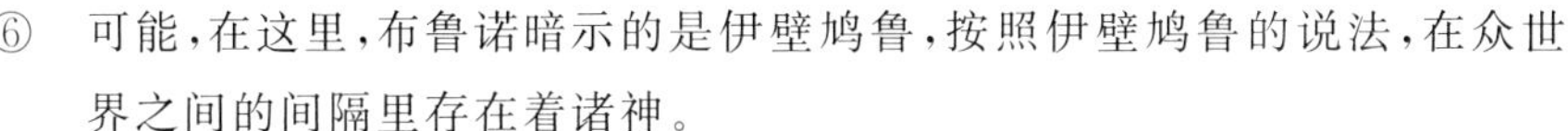

⑥ 可能，在这里，布鲁诺暗示的是伊壁鸠鲁，按照伊壁鸠鲁的说法，在众世界之间的间隔里存在着诸神。

⑦ Небо занимает место акцидентально，意思是说，天空偶然地占据位置。按照亚里士多德的说法，天空本能地存在，即带有实体性的特点，但是，它偶然地占据位置，是借助于自己的部分，而不是由于必要性。布鲁诺证明亚里士多德概念的荒唐。

⑧ 在柏拉图《蒂迈欧》(52—A)中，所谓物质被理解为是指空间。

⑨ 柏拉图在《蒂迈欧》(29—E)中提出的神学思想讲的是创造者是善良的，没有嫉妒心，所以，按照自己的形象创造了万物。

⑩ 请与《论原因、本原与太一》这一对话相比较(该版第242—243页)：“任何可能性和现实，在本原中仿佛是蜷缩着的，结合在一起的，单一的，而在其他的事物中则是展开的，扩散的，增殖了的 。”

⑪ 所指的是极限范围，不运动的星星固定在其中。

⑫ 所谓外延的无限性，布鲁诺理解为星空连续地和永久地运行；所谓集约

的无限性，布鲁诺理解为整个宇宙的瞬间的运行。

⑬ 所指的是星空的昼夜运行，该运行作为测量星辰时间的基础。

⑭ 也在著作《灰堆上的华宴》(第三篇对话，努季尼的第四个判断)和《论原因、本原与太一》(第二篇对话)中提出关于大自然生气勃勃的学说。

⑮ 请比较《论原因、本原与太一》(该版第218—219页)。

⑯ 请比较《论原因、本原与太一》(该版本第241页)。

⑰ 无论是古代的还是新的自然科学家直到拉瓦锡都认为火是一种物质，也就是说是四种要素，或者是四大之一(古代希腊人称火、水、风、地为四大)。现代科学把火看作是一个化学过程。

⑱ 亚里士多德把古代唯物主义者主要是伊奥尼亚学派的哲学家(泰勒斯，阿那克西曼德，阿那克西美尼)，以及赫拉克利特，阿那克萨哥拉和恩培多克勒称之为物理学家或者是生理学家。

⑲ 布鲁诺是指亚里士多德《物理学》的那一处(第4卷，第6—9章)，在那里关于虚空的问题搞清楚了。

⑳ 埃尔平部分逐字逐句地援引，部分自由地叙述亚里士多德在其著作《论天空》(第1卷，第5章)中所阐述的论据。

㉑ 亚里士多德在《物理学》中与曾证明运动的不可能性的芝诺进行论战。(《物理学》第6卷)

㉒ 指的是《物理学》第8卷第3章；在那里亚里士多德提到那些坚信“存在的物体是无限的，并且是不运动”的哲学家。

㉓ 指的是在第一篇对话的末尾处被展开了的全部论据，在那里其他世界的运动“由于无限的力量，其运动是一致的，并且它们的不运动性”都得到证明。(该版本的第325页)

㉔ 埃尔平部分地叙述，而部分地翻译亚里士多德的著作《论天空》的第1卷，第6章。

㉕ 亚里士多德认为，物体的重量越重，其下落就越快。现代物理学证明，在真空中物体下落的速度不依赖于物体的重量。物体下落的规律被伽利略发现了，但是布鲁诺以自己对亚里士多德的批判为新的世界观的胜利奠定了基础。这个功劳是归功于布鲁诺的。

㉖ 布鲁诺坚信，重力不是永久的不变的属性，他根据自己的见解很接近现

代自然科学，按照现代自然科学的观点重力虽然连续不断地在起作用，但是它不是常数，因为它与物体的重量处于直接关系中，而与距离的平方处于相反的关系中。

㉗ 在这里埃尔平几乎是逐字逐句地叙述从《论天空》这一著作中援引的亚里士多德的论据(第 1 卷，第 7 章)。

㉘ 亚里士多德接受五种元素：土、水、气、火以及所谓第五本质，或者称为第五大，也就是以太。前四大做直线运动，而以太——是圆周运动天然的负荷者，土是重的，于是竭力向下，火是轻的，于是竭力向上，水相对来说是重的，气相对来说是轻的，而以太是不重也不轻。

㉙ 布鲁诺认为，其他世界和行星多得不计其数是可能的。他在拉丁文著作《论不可计量和不可胜数》著作中表达了这种意见，在书中，他承认只有宇宙在整体上不被破坏是毫无疑义的。

㉚ 请比较《论原因、本原与太一》(该版本第 273—278 页)。

㉛ 通常意义上的运动一词——就是指在空间中物体的移动。在运动的情况下，一般说来，亚里士多德理解了一切的变化。请比较亚里士多德的《物理学》，第 5 卷，第 1—2 章。

㉜ 埃尔平从亚里士多德的著作《论天空》第 1 卷第 7 章中援引论据。

㉝ 当然这是个笔误，尽管无论在意大利文版，还是在库连别克的德文译本中它都没被提到。从全部整段上下文来看，时间 G 将是有限的。

㉞ 帕拉桑——波斯的长度单位(约 5.5 公里)，容得下 30 个古希腊的竞技场。

㉟ 布鲁诺在他的著作《论原因、本原与太一》(五篇对话)中更详细地阐述了那个和另一个区别。各个组成部分是形式，是方法，是偶性；实体，本身就整个地包含在它们的每个部分之中。因此，各个组成部分尽管都包含在无限之中，但并不消除无限的统一性。布鲁诺在与亚里士多德争论时肯定地说，在任何与无限的东西相联系的关系中不存在有限的东西。

㊱ 这一点亚里士多德在《物理学》(第 3 卷第 5 章)中已给予了证明："无限物体的不可能性是根据下面的情况做出的结论。这一物体不可能既不是复杂的，又不是简单的。如果无限物体的组成部分是有限的，则无限物体不可能是复杂的，必须使这些组成部分变得很多，使对立面相互均

势并且使任何一个组成部分也不是无限的。要知道，如果一个物体的力量多多少少地逊于另一个物体，比如，如果火是有限的；而空气是无限的，并且在力量上火的同样数量超过空气的同样数量很多很多倍，但愿这要用任何一个数量来表现，那么，很显然，无限的东西将克服并消除有限的东西。”（俄译本，1937 年版，第 59 页）

㊲ 布鲁诺对于古代唯物论者的宇宙论学说的评价大大高出对于亚里士多德哲学，特别是大大高出对于中世纪烦琐哲学家的哲学评价。

㊳ 布鲁诺称月亮为行星之一（《论不可度量者和不可数者》）。虽然他还没有使用这个称谓，但是实际上他知道，月亮是地球的一颗卫星。

㊴ 布鲁诺假定，环绕太阳运行着比我们普通肉眼所能看见多得多的行星。他的这个假设只是在经过两个世纪之后才得到证实。在 1781 年，赫歇耳发现了天王星，在 1801—1804 年，在火星和木星之间，发现了一些小行星，而在 1846 年，发现了海王星，在 1930 年，发现了冥王星。

㊵ 见尼古拉·库津斯基《论学术性的无知》第Ⅱ卷，第 12 章，根据尼古拉·库津斯基的说法，在太阳上存在着地球上存在的那些元素，并且按照亚里士多德的学说，这些元素在太阳上的排列与在地球上的排列顺序一样。亚里士多德也教导说，恰如地球比较小的部分处在世界的中心，而在它的周围，水，气和火以同心的球形层次存在着。

㊶ 对立的积极的质量——温暖的和寒冷的东西。根据贝尔那基诺。特勒肖的学说，温暖和寒冷质量的基本对立与天空和大地的对立相联系：太阳是最热的中心，大地是寒冷的中心。

㊷ 尼古拉·库津斯基也提出太阳和其他星球有人烟的暗示。

㊸ 所谓第五本质是第五种原素，即以太。见注解㉘。

㊹ 布鲁诺的有关地球表面变化的猜想比现代地理学说先行提出。

㊺ 由于光谱分析的应用，地球和星球完全相同成分的学说在XIX世纪被证实。

㊻ 所谓向中心运动指的是地球；火离开中心而运动，围绕中心运动的是以太，它是圆周运动的天然载体。

㊼ 布鲁诺按照引人入胜的合乎情理的生活习惯，迫使伏拉卡思多里伊论述各种疾病。伏拉卡思多里伊从拉丁文写作的叙事长诗《梅毒，或者论法

国疾病》开始了自己的活动，在书中他艺术地采用拉丁叙事文学的所有富有诗意的情节，用六音步长短短格（希腊古诗的一种格律）叙述这种疾病。这首叙事长诗的登场人物的名字——梅毒，是由两个含意为“猪”和“朋友”的希腊单词构成，然后成为疾病的普通名称。

㊽ 作为黏合大地部分的元素的水的理论是由亚里士多德在《气象学》第四卷中加以发展的；布鲁诺在对亚里士多德的论自然哲学一书自己的评述中叙述了这一理论。

㊾ 暗指霍拉蒂的《当善良的荷马沉睡时》这本书。

㊿ 见柏拉图的对话集《斐多》（109，C—E）。

51 所指的是古希腊唯物论者泰勒斯。在自己的拉丁文作品《论万物起源》一书中，布鲁诺写道：“泰勒斯说得好，水是大地的基础，我们的同胞不理解，但是，唱圣诗者明白，说，上帝以水为基础创建了大地。”

52 这些思想确实存在于拉丁文作品《伏拉卡思多里伊，或者论心灵》中。伏拉卡思多里伊在书中写道，世界形成有机体；这一点由它的组成部分可以看出；虽然它们不尽相似，然而，它们非常精致地和协调地相互连接在一起，以至这引起了最伟大的惊奇。

53 所指的是赫拉克利特下列格言：“发散体聚集在一起，由各种各样的（声音）形成最美好的和声，一切的出现都经过斗争。”（《前苏格拉底》，第一部分，喀山 1914，阿·马科韦利斯基译本）。

54 布尔基所指的是对亚里士多德作品的中世纪的评论。在他的讲话中，向不同的大经院哲学家们列举出中世纪许多的修饰语和资料；例如：顿斯·斯科特自称“精明的”，阿尔伯特自称“伟大的”，亚历山大·加列斯基自称“不容置辩的”，托马斯·阿奎那自称“温柔善良的”，博纳文图拉自称“天使般的”。

55 用犄角和蹄子武装起来的，所指的是公牛和驴子。

56 所指的是方济各会的教士。顿斯·斯科特《精明的大夫》，他以自己的艺术手法进行争论而著称，属于方济各会。

57 关于其他世界的存在问题在亚里士多德的著作《论天空》（第 1 卷第 8—9 章）中搞清楚了。篇幅不大、与《论天空》一起用古老的拉丁文翻译出版的著作《论世界》不属于亚里士多德。在该书中大量地散布着斯多葛派的思想;它大概出版于公元一世纪。布鲁诺与所有自己同时代的人和中世纪的作家们都认为这个著作是属于亚里士多德的。

㊳ 布鲁诺认为,宇宙的物体能够分解开,但是实际上不能分。(请比较注解㉙)

㊴ 游移不定的物体指的是行星。

㊵ 布鲁诺认为,生命不是"偶然的事情",也就是说像物活论者所认为的,生命是一切物体所固有的。

㊶ 根据亚里士多德的观点,彗星和流星就像乌云一样,具有大气的起源,而不是宇宙的物体。这种意见统治了两千年之久,甚至在19世纪初期,法兰西科学院还对流星的宇宙起源提出了异议。布鲁诺,像开普勒一样,承认彗星和流星的宇宙起源。

㊷ 布鲁诺大概指的是第谷·布拉赫在1582年发现的彗星。

㊸ 例如,亚里士多德的对立面谢涅卡认为,彗星不是曾意外发生过的火焰,而确切地说是自然界永久的事物;如果说彗星曾是火焰,那么,它应该会改变自己的形式。

㊹ 参阅《论原因、本原与太一》(该版本的第287—292页)。

㊺ 关于是怎样的历史人物被引申在阿尔贝京的名义下,意见发生分歧。完全可能的是,这一人物就是阿里别里科·德热恩季列——意大利的科学家,牛津的法学教授。德热恩季列,《论战争的权利》一书的作者,是雨果·格罗齐亚的前辈和国际法的资产阶级理论的奠基者之一。他是托马斯·莫尔的崇拜者,并且写出了后者的《乌托邦》的续篇。他自认为是亚里士多德的杰出的精通者。由于德热恩季列的坚决要求,布鲁诺在维滕贝格开了关于亚里士多德的逻辑著作的课程。布鲁诺与德热恩季列还在英国相识;可能的是,通过德热恩季列,布鲁诺想显示出一个被启发的谈话者,这一谈话者企图捍卫亚里士多德的观点,但是在确认旧理论的理由不充分性之后,他转到新的学说方面。在这个意义上阿尔贝京是眼光狭小的学究、对新学说的代表大骂起来的布尔基的对立面。

㊻ 这里指的是亚里士多德关于积极的理性的学说。

㊼ 关于布鲁诺对阿韦尔罗塞的态度,参看对对话《论原因、本原与太一》的注释解㊱。

⑱ 戈拉齐的名言“孕育群山而饱受痛苦，生下的却是一只令人可笑的小耗子”（戈拉齐，《论诗的艺术》第139页）在讽刺的意义上正适用蹩脚的诗人，这些诗人开始气势很大，但最后提供的东西却很少。

⑲ 来自无名诗人诙谐的十四行诗的四行诗。

⑳ 诗句来自阿里奥斯托的《疯狂的罗兰》，第24首歌词。

㉑ 由阿尔贝京叙述的论据被布鲁诺援引并被他在他的拉丁文著作第七卷《论不可计量和不可胜数》一书中所推翻。第一个论据引自亚里士多德的著作《论天空》第1卷第1章；第二个论据——也引自那个著作的第3卷第2章以及亚里士多德的《形而上学》一书第7卷第8章；第三个论据——引自亚里士多德的著作《论天空》第1卷第1—3章；在亚里士多德的书中没有与第4、第5、第6个论据相符合的地方；阿尔贝京的第7个论据引自亚里士多德著作《论天空》第1卷第8章和《形而上学》第7卷第10章；在亚里士多德那里也没有与第8个论据相符合的地方；在亚里士多德书中任何一个地方都不与第9个以及往后的3个论据相符合，但是可以推测，它们是被一些神学亚里士多德派提出来的；第13个论据有可能在亚里士多德的著作《物理学》第3卷第6章和他的著作《论天空》第1卷第1章中遇到。

㉒ 布鲁诺由于粗心大意把第8个论据称之为第7个，而往下，全部后来的论据在他那里开列的也不准确，于是他搞成总共是12个论据而不是13个；甚至在他的回答中同样准确地列举出12个论据。我们纠正了在论据编号中的不准确性。

㉓ 积极的原则——温暖的和寒冷的，消极的原则——潮湿的和干燥的。

㉔ 柏拉图在自己的对话《克拉底洛》中认为这一起源来自“以太”这一单词，而随他之后，亚里士多德在其著作《论天空》第1卷第4章中也是这样认为的。其实“以太”一词不是来自单词 θεω——跑，而是来自单词 ατθω——愈合，燃烧，熊熊地燃烧。

㉕ 卢克莱修，《物性论》，苏联科学院，1946，第2版，第1040—1051页。

㉖ 卢克莱修，《物性论》，第2版，第1052—1056页，第1064—1066页。

㉗ 卢克莱修，《物性论》，第2版，第1067—1076页。

㉘ 所说的是关于悲剧作家谢涅卡；诗句引自他的悲剧剧本《美狄亚》，第

398—402 页。

⑲ 明亮行星的物体指的是哲学家的心灵。根据布鲁诺的观点，这物体同时既是正在照亮目标的亮光，也是正在看着这些目标的眼睛，这是理性所特有的特征。这种亮光对我们的意识来说，比起对我们眼睛而言的外部目标的所有光辉都更加明亮。这一状态在第一篇对话的末尾也发生过，在那里，埃尔平对菲洛捷伊说："虽然我不完全明白您的精神，但是从精神放射出的亮光中我看出，这一亮光把太阳或者甚至还更大的天体都包含在自身之内。"

译　后　记

布鲁诺的这本书是用意大利文写的，中译文根据俄译本和英译本译出。所据版本是：

1. Джордано Бруно: *Диалоги* перевод А. И. Рубина Госполитиздат 1949

2. *Giordano Bruno His Life and Thought*, New York
On the Infinite Universe and Worlds, D. W. Singer 1950

本书采用了俄译本的全部注解，注的出处凡未标明的，皆为俄译本注。

当我把最后一页译稿校订完毕时，如释重负。在这里，首先要感谢的是我的北大哲学系老师——著名翻译家、马克思主义哲学史家汤侠声教授。是他的学识和美德把我们引领到研究布鲁诺的行列中来。据我所知，早在20世纪60年代初，他就开始接触布鲁诺，布鲁诺著作第一个中译本《论原因、本原与太一》就是他从俄文译出，1984年由商务印书馆出版。他还翻译了前苏联出版的《布鲁诺传》(1985年北京大学出版社)，写出了中国第一部研究布鲁诺的学术专著《布鲁诺及其哲学》(1985年上海人民出版社)。这三本书的出版对中国学术界更加重视对布鲁诺理论的研究起到很大的促进作用。接着，他很想把《论无限、宇宙与众世界》也译出来，遗憾的是，这时他的健康状况不再允许，“我出那三本书，几乎耗尽了我的精力，因此，我希望青年人能把这一事业继承下去。”（他给时永松的信）从那以后，汤老师数次来信，并邀面谈，力促把翻译《论无限、宇宙与众世界》这项工作担起来。为了完成这一学术嘱托，我和丰万俊同志接受了这个任务。

翻译中我们深感，这次翻译布鲁诺作品所遇到的困难比我们想象的要大得多，主要有语言表达方式的时代差异，有布鲁诺思想自身的艰深和特质，有译者对天文学史、西方宗教史、文化史等知识储备的不够，以及不同版本在转译中对原文理解上的差异等，怎么办？唯有迎难而上。我们从学习入手，重温了西哲史和科技史的有关内容，学习了有关布鲁诺思想生平的专著和译著，查阅了亚里士多德和卢克莱修的有关著作。实践表明，真正在理解布鲁诺和增加背景知识上下功夫，各种疑难问题就比较好解决了。

由于各种原因，最后交稿时间确实晚了好多，对此我们深表歉意。有一点要说的是，我们是在完成本单位原有工作任务的情况下来搞翻译的，是在“夹缝”中艰难行走。这几年还不时有病魔来袭，这都不能不影响翻译进程。为了抢时间，我们没有双休日，没有节假日，几乎是把能用的每分钟都用到翻译上，“衣带渐宽终不悔，为伊消得人憔悴”。

我的导师、我国著名学者于光远先生热情为本书题词，我的大学老师、俄语专家沈翼鹏女士给予大力支持，我国著名哲学家黄楠森教授为该选题写出了专家意见，商务印书馆副总编陈小文同志从一开始就全力支持该书的翻译工作，责任编辑为该书出版付出了许多辛劳，在此向他们表示衷心感谢。

我所在单位原政委、海军少将高学敏教授以及校科研部、文理学院领导对本书翻译十分重视，胡兴义老师、范金平、石清环同志给予热情帮助，华中科技大学阳作华老师、张峰同志也给了宝贵支持，在此一并致谢。

本书翻译由我和丰万俊同志通力合作，共同完成。具体分工是：献词、诗三首、第一、三篇对话由丰万俊译出，第二、四、五篇对话由时永松译出。初稿形成后，我们彼此交换译稿进行初校，发现问题，一起切磋，共解疑难。最后由时永松对全书统稿。由于译者水平有限，书中错误和不妥之处在所难免，恳请读者和专家批评指正。

时永松

2013 年 6 月 28 日于

武汉海工大院内“卷益天下”书屋

图书在版编目(CIP)数据

论无限、宇宙与众世界 /(意)乔尔丹诺·布鲁诺著;时永松,丰万俊译. —北京:商务印书馆,2017
(汉译世界学术名著丛书:120年纪念版:珍藏本)
ISBN 978-7-100-14751-4

Ⅰ. ①论… Ⅱ. ①乔… ②时… ③丰… Ⅲ. ①布鲁诺(Bruno, Giordano 1548—1600)—哲学思想 Ⅳ. ①B503.923

中国版本图书馆 CIP 数据核字(2017)第157546号

汉译世界学术名著丛书
(120年纪念版·珍藏本)
论无限、宇宙与众世界
〔意〕乔尔丹诺·布鲁诺 著
时永松 丰万俊 译

商 务 印 书 馆 出 版
(北京王府井大街36号 邮政编码100710)
商 务 印 书 馆 发 行
北 京 冠 中 印 刷 厂 印 刷
ISBN 978-7-100-14751-4

2017年12月第1版 开本 710×1000 1/16
2017年12月北京第1次印刷 印张 10¾
定价:55.00元